Hospitality
Management

ホスピタリティ・マネジメント
第3版

徳江 順一郎 著
Tokue Junichiro

同文舘出版

第3版・はしがき

初版を出版して早くも10年の歳月が流れた。

本書を執筆しはじめたのは，東日本大震災の直後であった。甚大な被害が報告されるとともに，原子力発電所で史上最悪の事故が起き，電力節減のために電車が間引かれるなど，これからの日本はどうなっていくのかという不安にさいなまれていたことを思い出す。

しかしその後，東京オリンピック・パラリンピックの開催が決まり，「おもてなし」がクローズアップされ，開催に向けてインバウンドはうなぎのぼりに増加した。観光立国を目指す政府の方針とあいまって，観光の将来はバラ色であり，自身が所属する学科も2017年度からは独立して国際観光学部となった。

ところが，それもつかの間，世界的に新型コロナウィルスが蔓延したことにより，国際間の移動はもちろん，国内旅行も大きく制限されることになる。インバウンドは激減し，史上初となるオリ・パラの1年延期と，無観客を基本としての開催を余儀なくされたのは記憶に新しい。飲食店も営業自粛を求められ，ブライダルも延期や中止が相次ぐなど，ホスピタリティ産業にとってはきわめて厳しい状況が続いている。

振り返ると，観光やホスピタリティを取り巻く環境は，まるでジェットコースターのように上下を繰り返した10年間だったように感じられる。しかし，人々の観光・ホスピタリティへの希求は萎むことなく，コロナが落ち着いたタイミングでは，誰もが街へ繰り出して歓談し，観光

を楽しむのも目の当たりにできた。このことは，自身がホスピタリティの研究と教育を続けるモチベーションにもなっている。

さて，今回の改訂では，「おもてなし」に関する研究成果を盛り込んだ。2013年のオリンピック招致活動以来，この言葉はたちまちブームとなり，その影響はホスピタリティにも及んでいる。その点からは，やはりおもてなしを無視してホスピタリティは語りえないと考えたためである。

また，先行研究の検討についても，おもてなしに関するものと，最新の成果も盛り込み，一部変更を加えてある。

そして，背景理論に関しては，理解が難しいとの指摘があったことから，より理解しやすくなるよう書き換えた。関係性と信頼というキーワードを抜きにして，ホスピタリティを真に理解することは難しいとの判断からである。

さらに，一部の事例に関する記述を差し替え，追加もしている。特に，組織レベルのホスピタリティ・マネジメントにおけるスモール・ラグジュアリーの事例に関しては、大幅に変更している。

実は，ここ数年このスモール・ラグジュアリーの研究を続けてきており，別途その成果も出版した。その中で新たに発見した事実として，スモール・ラグジュアリーも宿泊産業・ホスピタリティ産業にとってはイノベーションの一つであったということが挙げられる。

イノベーションは，恵まれた環境からは生じにくい。事実，スモール・ラグジュアリーはいずれも逆境の中から誕生している。コロナ禍の苦しい時代が続いているが，その中からホスピタリティ産業でもさらなるイノベーションが起きると信じている。

2022年2月

徳江順一郎

第2版・はしがき

　本書が出版されてから，早いもので5年以上の歳月が経過した。この間，わが国はこれまでに経験したことがないほどのインバウンド増加を果たし，海外からの来訪者はなお増え続けている。そのような状況において，これからは従前以上に「ホスピタリティ・マネジメント」の理解が重要になってきていると考えられる。

　しかし，現在のわが国ホスピタリティ産業を眺めると，激変する環境に対応することで精一杯のようにも見受けられる。急速な需要増大に応じるべく，宿泊施設は次々と新しく開業しているが，サービスするスタッフが足りないという声は日増しに高まるばかりである。そのために，スタッフたちを酷使するような，いわゆる「ブラック」な労働の実態も多く耳にする。このような環境では，「わが国ならではのホスピタリティ」の提供は難しい。加えて，これまでにはなかった民泊という新しい宿泊施設の誕生により，さらに市場環境は変化すると予測される。

　以上のような前提のもと，「関係性マネジメント」という視点からホスピタリティ・マネジメントをとらえることの重要性は，さらに高まっていくと考えている。そのため，より多くの読者，特にホスピタリティ産業の関係者には，一度は本書を手に取って，この視点からもホスピタリティについて考えてもらいたいとの想いが日増しに強くなってきた。それを実現するためにも，講義で解説をした際の反応を取り入れつつ，これまでに頂戴した多くの方からのご意見も踏まえた全面的な改訂の必

要性を感じ，内容を一新することにした。

　大きな変更点としては，以下のとおりである。

　第4章「サービス概念の把握」の第1節「サービスとは」にあった，ホスピタリティとサービスの対比に関する部分を，第6章「ホスピタリティへのアプローチ」に移動させた。サービスよりもホスピタリティが上位，あるいは，サービスからホスピタリティに変わるべき，といった意見も耳にするが，それに対するアンチテーゼの部分である。ここでは，サービスを「プロセス・マネジメント」，ホスピタリティを「関係性マネジメント」としてとらえなおしている。また，その第6章は，もとは第8章だったが，全体の話の流れを整理し，大幅な内容の入れ替えや追記をして移動させた。それにともなって，第6章だった「背景理論【1】～関係性概念～」は第7章に，第7章だった「背景理論【2】～相互信頼関係と安心保障関係～」は第8章に，それぞれ変更した。いずれも他の学問分野での成果を取り入れた意欲的な試みであったと自負しているが，一方で非常に難解な内容であったため，大幅な内容の整理と加筆修正をし，理解しやすくした。

　なお，第1章から第3章，第5章，第9章から第12章は，大幅な改訂をしていないが，全般的に用語の使い方を一部変更し，節と項も適宜加えたり削除したりして，読みやすくなるよう心がけた。多くの表現も修正している。

　こうした内容の進化は，学部の講義で受けた質問の数々，大学院の演習でさまざまに議論したことが大きく寄与している。この場を借りて，ともに学んでくれた学生・大学院生の皆さんにはお礼申し上げたい。

　2018年2月

　　　　　　　　　　　　　　　　　　　　　　徳江順一郎

は し が き

　「ホスピタリティ」＝「おもてなし」ではない。まずはこの点をしっかりと頭に刻み込んで本書を読み進めていっていただきたいと思う。

　われわれは，古くに中国から渡ってきた「漢字」という文字の他に，「ひらがな」と「カタカナ」を日常的に用いている。そのうちカタカナ表記は，最近では外来の概念を表すのに用いられることが多い。もちろん外来の概念について，なんとか漢字で表そうとすることもある。「混凝土」という単語を見たことがあるだろうか。知らない人も多いかもしれないが，これはビルを建てたり橋を架けたりする際に用いられる「コンクリート」のことである。こうした表記は外来の概念に対して可能な限り「意味も音も」近い表現をしようと昔の人たちが努力した名残である。しかしながらこの表記は定着しなかった。どこかにわれわれが違和感を持っているために，「コンクリート」というカタカナで表記する方が定着したということなのであろう。

　つまり，ホスピタリティがおもてなし（あるいは…の心）であるならば，いまだにこのカタカナ表記が使われることもないのではなかろうか，ということである。誰もがどこか微妙な違和感を抱きつつ，それでももっとも近いものとして，理解の一助とするべく，ある意味仕方なく用いているのかもしれない。

　本書はホスピタリティ・マネジメントについて論じたものである。ホスピタリティ・マネジメントを理解するために非常に重要なことが，こ

の「おもてなし」という単語との連想を断ち切ることなのである。第1章で詳述するように、「ホスピタリティとは、心のこもったおもてなしである」といった主張をしばしば目にするが、これは必ずしも正しいとはいえない。ただし、「心のこもったおもてなしは、ホスピタリティのツール」の一つではある。すなわち、ホスピタリティが感じられる関係の構築を志向する際に、「心のこもったおもてなし」をすることは有効である場合もあるが、必ずしも全てではない、ということである。一般にはこのような「ホスピタリティ：おもてなし」という解釈がもっとも多くなされているであろうが、こうした把握はあくまで必要十分条件ではないということを忘れてはならない。

確かに、われわれ日本人にとっては、「おもてなしの心」がホスピタリティにもっとも近いイメージとなるのかもしれない。では、それは「誰が」おもてなしても、「誰に対して」おもてなしても、ホスピタリティ足りえるものなのであろうか。ホスピタリティが生じる関係においては、文化的な相違や価値観の相違が存在する可能性も否定できない。そうなると、おのずからおもてなす方向性が大いに変わってくるのではないだろうか。

周囲に対して「心」を訴えかけ、「精神的」なホスピタリティ対応をいかに求めたとしても、世界に通じるホスピタリティ・マネジメントは決してなしえない。このことを示す好例がある。

バブル崩壊後のわが国では、それまで「御三家」といわれ、高級という言葉の象徴となり、高品質なサービスの代表格としてホスピタリティを具現化してきた一部のホテル群が一時苦境に立たされた。いや、他のさまざまな業種でも同様に苦しい経営を強いられ、「リストラ」といった言葉が流行語となったりもした（もちろん、本来の意味での「リストラ

クチャリング」としてではなかったが）。こうした状況は，国家的あるい
は世界的な不況という要因ももちろん大きいだろう。しかしこの業界に
おいては，一方でそれまでわが国に存在しなかったような，こうしたホ
テル群を超える価格帯のホテルが日本に進出してきたりもしており，中
にはホスピタリティの象徴のようにとらえられる施設まで出現したので
ある。

　しばしば「やはり，日本人のきめ細かいサービスは世界一だ」といっ
た表現も耳にするが，場合によっては「過剰サービス」なのではないか
という気がすることがある。あるいは，そのようなサービスを喜んでい
るのは日本人だけなのではないかと感じられることもある。そのため，
わが国を代表するホテル群は，必ずしも海外進出に成功してこなかった
のではないだろうか。

　さまざまな場面で「ガラパゴス化」という表現が見られるようになっ
たが，このことはモノづくりの世界だけにとどまらない。サービスやホ
スピタリティの分野でも同様だということなのかもしれない。

　井沢元彦は，その著『逆説の日本史』シリーズで，「ビーフカレー」
の例を多用している。これは，本家ではありえない状態にまでアレンジ
されてしまった対象について述べており，「ビーフカレー朱子学」や「ビ
ーフカレー儒教」，「ビーフカレー仏教」のように用いている。つまり，
本家である中国やインドとは全く異なる方向性での発展をし，本家では
ありえないような変化をした「わが国独特の…」を指すような場合に用
いている。

　こうした観点からいえば，現在の「ホスピタリティ」は「ビーフカレ
ー・ホスピタリティ」となっている可能性もある。そして，こうした
「ホスピタリティ観」は，われわれにホスピタリティの本来的な姿を見

えにくくするフィルターとなって立ちはだかることになる。

　ただし，勘違いしないでいただきたいことは，筆者はホスピタリティに「心」や「精神」の要素が全く必要ない，ということを主張したいわけではない。むしろ，こうした要素がなければ，ホスピタリティは実現しえないであろう。しかし，それらを組織としてマネジメントする際には，また異なるアプローチが必要となるということを主張したいのである。心の大切さを強調したり，感動の事例を羅列したりするだけでは，組織的なホスピタリティ・マネジメントは不可能だと思われるのがその理由である。

　これまで，いくつかの企業を題材としたホスピタリティ研究がなされてきた。こうした，いわば「記述的」な研究も重要ではあるが，こうした研究を読んでも当該企業以外には必ずしも適用できないのは自明であり，今後は一般性や普遍性を伴った研究が求められてくることになる。一部にはそうした方向性を志向したと思われる書も存在するが，決してその数は多くはない。

　本書はこうした環境に一石を投じることを大きな目的の一つとしている。本書の存在によって，わが国の素晴らしいホスピタリティが，世界でも受け入れられるようになることを心から祈っている。

　2012年8月

　　　　　　　　　　　　　　　　　　　　　　　　徳江順一郎

目　　次

第4章　サービス概念の把握　　61

第5章　サービスの特性とサービス・マネジメント　79

第6章　ホスピタリティへのアプローチ　97

第1章

ホスピタリティの現実

1

Hospitality
Management

 # 「ホスピタリティ」に対するイメージ

ホスピタリティといえば，「感動」や「心からの」といった，心をくすぐるキーワードが枕詞につくことが多い。そして，こうした言葉に特別な思いを抱き，大学で学ぼうと志したり，ホスピタリティ産業での仕事を目指したりしたという方もいるだろう。そのこと自体は，決して悪いことではなく，むしろ素晴らしい面もある。しかし，心揺さぶられる台詞に惑わされて，冷静にホスピタリティと向き合うことを忘れてはいないだろうか。本書は，感動や心だけでは把握しきれない，多面的なホスピタリティを冷静に，かつ客観的に把握するところからスタートする。

まず，現実社会ではどのようにホスピタリティが把握されているか，まとめてみたい。

われわれ研究者は，ある概念について考えようとする際に，自らが置かれている理論体系の中に埋没してしまい，自分の専門にとらわれがちになり，その概念に対して一般の認識とは乖離した解釈をしてしまうことがある。結果として，当該概念について，専門研究者以外とは会話が成立しなくなってしまうことさえありうる。後で詳述するように，ホスピタリティという概念に対しても一般で受け入れられている解釈とは異なる多義的な主張がなされているのが現状である。

そこで，ホスピタリティ・マネジメントについて論じる前に，その前提と考えられるホスピタリティ概念を大づかみに把握したい。まずは，この言葉のイメージについて，一般にはどのようにとらえられているのか調べてみる。

Googleなどの検索サイトを用いて「ホスピタリティ」を検索すると，ホスピタリティとは「おもてなし」，「思いやり」，「好意」，「誠意」である，といった説明がなされているホームページが数多くヒットする*1。また，近年では，ホスピタリティ関連の資格や，サービス産業を主たる就職先とする大学や専門学校のホームページがヒットすることも多い*2。この事実からは，やはり一般的には，「おもてなし」や「思いやり」，「サービス」というイメージが定着しているといえよう。

また，インターネット上で書籍をはじめとした通販サイトを展開しているAmazon.comにおいて，同様に「ホスピタリティ」で検索すると，研究者の手による専門研究書もヒットするが，何冊かは企業名がテーマに掲げられている本が入ってくる*3。特に，上位の本は，ホスピタリティというキーワードから思い出される企業で実際に経営や運営を行っているか過去にたずさわっていた著者が，自身の経験や自社の事例について述べたものが多い。中には単なる「自分史」に近い内容のものも散見されるが，一方でこうした事実は，ホスピタリティに対する一般の興味が深まってきていることを示している証といえるだろう。

また，著者が担当する講義においては，定期的にホスピタリティに関するアンケートを実施していた*4。図表1-1は，2009年度東洋大学国際地域学部国際観光学科にて開講の，「ホスピタリティ・マネジメント」履修者に対してなされた調査から抜粋したものである。第1回目の講義で実施した質問のうち，第1問に設定されている，「ホスピタリティという言葉から何を連想するか？」という質問についての答えである。この段階では，特にビジネスにおいて，という前提などは一切設定せず，端的なイメージとしての連想を問うたものである。自由回答形式で答えてもらったので，類似している一部の回答は一つの項目にまとめてある。

図表1-1 「ホスピタリティという言葉から何を連想するか」調査結果

①おもてなし（の心）	50	⑩お客様	3
②サービス（業・精神）・接客業	43	⑪最適相関関係	2
③ホテル	28	⑫観光	2
④思いやり，親切，心遣い，気遣い	27	⑬人間関係	2
⑤接客	24	⑭見返りなし	2
⑥ディズニーランド	6	⑮まごころ	2
⑦顧客満足	6	⑯笑顔	2
⑧リッツ・カールトン	4	⑰ホテルマン	2
⑨レストラン	4	⑱対等の関係	2

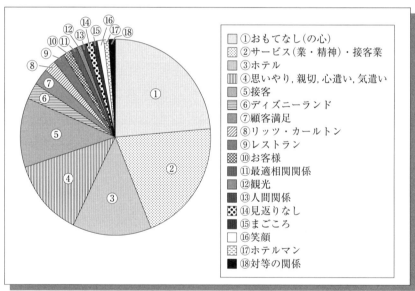

（内訳：1年生108名，3年生14名，4年生3名，自由回答・複数回答可）
出典：徳江（2011），p.7を一部改変。

　また，図表1-2は同様の調査を2012年度「宿泊事業経営論」「観光事業経営論」合併講義履修者に対して行ったものである。4年生の一部のみ，図表1-1の調査の対象になった者もいる可能性があったが，属性項目か

図表1-2　「ホスピタリティという言葉から何を連想するか」調査結果(2)

①おもてなし（の心）	122	⑨（相互）信頼（関係）	4
②思いやり(の心),親切,心遣い,気遣い	37	⑩ディズニー（ランド・リゾート）	3
③サービス（業・精神）など	36	⑪新たな価値創出	2
④ホテル・宿泊（業）	34	⑫マネジメント	2
⑤接客（業）	13	⑬病院	2
⑥関係（性（マネジメント））	10	⑭ブライダル	2
⑦レストラン・料飲関連	7	⑮心・お客様を迎える心得	2
⑧(社会的)不確実性(を軸とした概念)	5	⑯その他	25

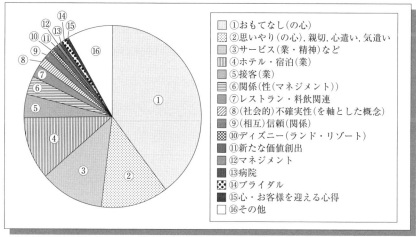

（内訳：1年生81名，2年生96名，3年生33名，4年生6名，その他2名，自由回答・複数回答可）
出典：著者作成。

　らは重複調査された者はいないことが確認された。

　若干の順位の変動は観察されるが，いずれも，「おもてなし」がもっとも多く連想され，「思いやり」や「サービス」，「ホテル」，「接客」といったキーワードが上位を占めている。「病院」というキーワードが少数ながら出てきたことも見逃せない。また，「ディズニー」や「リッツ・

カールトン」のような，企業名や施設名が挙げられたことも，前述した
出版界での事実と整合がとれるだろう。

 書籍や論文からみる「ホスピタリティ」と内在する問題点

　調査結果からは確かに「おもてなし」，「思いやり」や「サービス」に
関連するキーワードが抽出されたが，一般の書籍においてはどのような
とらえ方がなされているのであろうか。専門研究者や学生が読者の中心
と考えられる学術書とは異なり，一般書籍では厳密な定義づけなどより
も直感的なイメージで対象に関して語られることが多い。そこで，第1
節でも触れたAmazonで，「ホスピタリティ」と検索した際に上位にラ
ンクされたものを中心として考察する。

　力石（2004）では，

　　「ホスピタリティには，思いやり，心遣い，親切心，誠実な心，
　　心からのおもてなしという意味があります。

　　　つまり，ホスピタリティとは，物事を心，気持ちで受け止め，心，
　　気持ちから行動に移すことです」（p.12）

との記述があるし，海老原（2005）では，

　　「人の「心や気持ち」を大切にすることで，自分の思いが人に伝
　　わり，しかも人に喜んでもらえるというものが，ホスピタリティー
　　の基本」（はじめに）

　　「ホスピタリティーを発揮すると「人の心」が動き，「人の心」が
　　動くと商品そのものの魅力に加え，サービスの価値が上昇します」

（p.41）

と述べられている（いずれも原文ママ）。さらに清水（2006）は，

　　「誰でも人に対する優しさや人を思いやる心を持っています。そ
　　れが『ホスピタリティ』です」（p.2）

と言い切っており，心の要素や思いやりといった要素に対する連想が強
いことがうかがえる。

　さらに，鎌田（2007）では，こんな宣言までされている。

　　「超ホスピタリティは……（中略）……魔法のテクニック…。超
　　ホスピタリティを学べば，あなたの周りも，あなた自身も幸せにな
　　れる。間違いない」（p.3）

　いずれも「おもてなし」以外にも「思いやり」や「心」といった要素
が強く感じられることが共通していよう。そして，ホスピタリティによ
って他人が「喜んだ」り「幸せ」になるという点も多く共通している。

　一方で，こうした方向性のアプローチに対して，特に研究者の中には
危惧を抱いている者もおり，例えば加藤・山本（2009）では，

　　「一部の自称ホスピタリティ専門家は，無理矢理一般の人たちに
　　見えやすい事例で，ホスピタリティを表現している」（p.84）

との指摘があり，「感動」や「幸福」といったキーワードに対しては警
鐘を鳴らしている。一般誌でも，『宣伝会議』（2008年7月15月号）では，「ホ
スピタリティの勘違い」という特集を組み，同様の懸念を表明している。

　なお，CiNiiにて論文検索をすると，2012年には1,100を超える文献が，
2021年には2,500を超える文献がヒットした[*5]。必ずしもすべてが学術
論文とは限らず，ホテル関連の業界誌への投稿なども含まれているが，
その多くは学術誌である。ホテルやリゾートにおける事例などを紹介し
つつ，ホスピタリティについて論じているものが多いが，中には一般に

とらえられているイメージに対して，やはり危惧を抱いている点について述べたものも存在する。

　研究者を中心としてこのような反応があるのは，仕方のない面もあろう。というのも，第3章で詳しく分析するが，「感動」や「幸福」といったキーワードをあまりに強調しすぎると，ホスピタリティの理論的なフレームワークによる理解が困難となってしまう可能性が生じるからである。感動や幸福は，ホスピタリティを感じられた「結果」として派生的に生じることもあるが，感動や幸福を目指すことがホスピタリティなのではない。メンタルな要素に焦点が当てられすぎると，他の重要な点が見落とされかねないという危険性も忘れてはならない（図表1-3）。

　また，もしもこうした方向性によって顧客が「感動至上主義」になってしまった場合，あらゆる対人サービスにおいては，顧客の過剰なわがままに対応せざるをえない状況に追い込まれる可能性も生じる。感動が「結果」ではなくホスピタリティの「前提」ということになれば，この類の危険性が高まることは自明だろう。

図表1-3　　　ホスピタリティと感動・幸福との関連

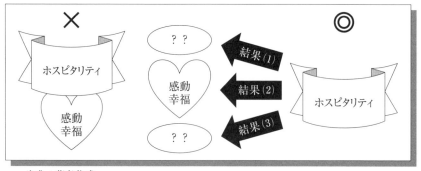

出典：著者作成

　例えば，ホスピタリティを理解するための事例として，しばしば以下のような例が挙げられる＊6。

　　「①ある人が米国に旅をした際，とある百貨店へ買い物に行った。ところが，立ち寄った店舗にはその人が探していた商品がなかった。しかし，他店舗にあったということで，わざわざ取り寄せて宿泊先まで届けてくれた。このような手間をかけてまで対応してくれるということは，顧客のためを心から想ってくれているのである。」

　　「②ある客がとあるホテルに泊まった際に忘れ物をした。それを地元に帰る途中で気がついたので，あわててホテルに連絡するとルーム係が電話に出た。彼女は忘れ物を見つけ次第，すぐに新幹線に飛び乗り，地元の駅で待っている客に届けた。当人はパートであるにもかかわらず，自分で判断し，行動したのであるが，それを可能にしたのは，ホスピタリティを重視するこのホテルの経営姿勢であり，それを具現化するためにも，このホテルではパートに至るまでの従業員一人ひとりに対して，高額の決裁権が与えられている。」

　こうした話をどこかで聞いたことがある人も多いだろうが，これはよく考えてみると実際には色々な問題点が垣間みられる。

　例えば，①では，そもそもお客様が求める商品の在庫がないという時点で，マーチャンダイジング的に問題である。そして，わざわざ他の店舗で見つけて，遠方まで届けてくれるということも確かに感動には繋がるかもしれないが，一方で当然，手間を含めたコストは馬鹿にならない。一人のお客様のためだけにこのような対応をすることは，他のお客様から得た利益を無駄に消費していると考えられるのではないだろうか。

　こうしたことが繰り返されると，他のお客様も同様の「感動」を求めることにもつながりかねない。もしそういった対応を実際に繰り返した

場合には，業績への悪影響は避けられないであろう。当然ながら，マネジメントの観点からは永続できる対応とはいえない。

　それではどうすればいいのか。どんなお客様の欲求にも応えられる商品ラインナップを揃えるべきなのだろうか。決してそんなことはない。そのお客様が持つニーズを満たす，他の商品を提供できるようにすればいいのである（ニーズの詳細は第6章を参照）。そうすれば，そのお客様が知らない価値をも提供できるかもしれない。なんでもお客様の言うとおりにすることがホスピタリティ，とはいえないのである。

　また，②は，本来的にはお客様の失敗であるにもかかわらず，余計なコストをかけて過剰に対応した事例ともとらえられる。これもすべてのお客様に同様の対応をすると，お客様側のモラル・ハザードにもつながりかねない。多くのお客様がどんどん追随してしまうようになったとしたら，果たしてすべてに対応できるのであろうか。

　ただし，同じような対応でも，もしこれがお客様のクレームに対しての，あるいは業務上の失敗に対しての挽回策であれば一考に値しよう。実はこうした企業側の対応について，学術的に考察される機会は決して多くはない。「クレームは宝である」とはしばしば言われるが，それに対してはまさに真摯な対応が求められることは当然である。

第3節　「おもてなし」の現実

　もう一つ，注意しなければいけないことがある。わが国における「ホスピタリティ」概念の把握には，やはり「おもてなし」を避けては通れ

ないということである。そこで，次におもてなしの現実についてもまとめておく。

　ここ数年でもっともこの言葉がクローズアップされたのは，2013年9月，アルゼンチンのブエノスアイレスで開かれた国際オリンピック委員会でのスピーチだろう。実際，滝川クリステル氏による「お・も・て・な・し」のフレーズは，『2013 ユーキャン新語・流行語大賞』（現代用語の基礎知識選）において，林修氏の「今でしょ！」などとともに年間大賞に選ばれている。

　この反響は大きかった。2013年9月1日から2018年8月31日までの5年間，日本経済新聞社が提供する「日経テレコン」で「おもてなし」が出現する『日本経済新聞』本紙の朝刊記事を検索すると，396件がヒットした。その前，2008年9月1日から2013年8月31日までの5年間では80件だったことと比して，このスピーチの影響の大きさが理解できよう。

　花田（2015）は，旅館での「心遣い」，子供たちからの手作りプレゼントなどにおもてなしを感じてきたことから，「おもてなし＝無償の愛」であり，「何をしてあげたらよいか？と考えること」から「おもてなし」がスタートするとしている。また，その背後には，親子にあるような「無償の愛」や，「相手に抱く感謝の念からの行為」があるという（pp.4-5）。

　このような「美しい響き」をともなうことが多いためか，この前後から「おもてなしブーム」が生じ，さまざまな変化が生じることになった。

　例えば，経済界では次のような動きがある。青山社中㈱，AnyMind Japan㈱，ENGAWA㈱，㈱サニーサイドアップが実行委員会となって，「OMOTENASHI NIPPON」という団体を組織している[7]。これは，以下のスローガンで活動をしている。

　　日本のおもてなしを世界のOMOTENASHIブランドへ

　　　この言葉を合言葉に日本が世界に誇る“おもてなし”を実践する人や企業，その心から生まれる商品・サービスを発掘，継続的に国内外に発信していくプロジェクトです。

そして，「OMOTENASHI Selection」というプログラムを進めている。

　　　受け手のことを思いやる心から生まれたこだわりの技，伝統を継承しながらも現代に向けて改良を重ねる創意工夫の活動など，日本の魅力である“おもてなし”心あふれる商品・サービスを発掘・認定し，国内外に発信するプログラムです*8。

　また，政府でも各省庁でさまざまな試みがなされている。経済産業省では，2013年から2015年にかけて「おもてなし経営企業選」を実施した。顧客のニーズに合致したサービスを継続的に提供し，顧客のみならず社員，地域・社会から愛される経営を実現している企業を選出している。

　これが発展的に移行したのが（一社）サービスデザイン推進協議会による「おもてなし規格認証」である。これは，サービス品質を「見える化」し，サービス事業者の支援を通じて地域経済の活性化をはかるべく，

　①質の高いサービス提供を行っている事業者の見える化支援

　②質の高いサービスを提供したいと考える事業者への手引きの提供

　③消費者の高品質なサービス享受の機会強化

を目指し，「おもてなし規格」を認証していこうというものである。

　事業者はまず「紅認証」に登録する。これは自己適合宣言と位置づけられ，上位認証の前提となるものである。そのうえで，認証機関による第三者認証として「金認証☆」と「紺認証☆☆」，最上位には「紫認証☆☆☆」がある。

　この活動に関連して，日本政策金融公庫は，国民生活事業の融資制度として「企業活力強化貸付」の枠内に「観光産業等生産性向上資金」を

創設した。その内容は，小売業，飲食サービス業およびサービス業のいずれかの事業者で「おもてなし規格認証」（紫，紺または金）を取得した場合，7,200万円を限度とした融資が実行されるというものである。

　こうした各界の動きを眺めていると，「おもてなし」の「素晴らしさ」がますます強調されるようになってきていると感じられる。しかし一方で，過熱気味の状況に批判的な視点で警鐘をならす論調もみられる。

　大石哲之氏は，J-CASTニュースの『会社ウォッチ』で「日本の『おもてなし』賛美の勘違い『ガラパゴス』だし自由度がない」（2014年12月4日号）において，「日本のおもてなしのサービスは，とんでもないガラパゴス」と断じている。それは，旅館のサービス提供に代表されるように「日本のおもてなしは，自由度がない」からであるという。

　また，大塚智彦氏は，『nippon.com』のコラム「訪日旅行者を迎える「おもてなし」の実情：表と裏の顔」（2017年1月19日号）において，相手を思いやる心こそがおもてなしの基本であるはず，としたうえで，外国人観光客をあからさまに排除しようとする店が多く存在する状況などを通じて，価値観や宗教の相違にさえ思いを馳せることのできない日本の状況を嘆いている。

　さらに，森本伊知氏は，ハウスコム㈱が運営する『Living Entertainment!』において，「うぬぼれない方がいいと思いますよ。おもてなしは日本独自のものではないのですから。」（2017年5月6日号）と題した論考を寄せている。ここでは「お茶が入ったわよ」，「お風呂が沸いたわよ」といった日本語の用法に触れ，自身の行為にもかかわらず，このような言い回しをすることで相手に負担をかけない配慮をしてきた日本人が持っていた「誇り」が，おもてなしを強調すればするほど失われていると警鐘を鳴らしている。

　いずれにせよ，2013年頃を境として，おもてなしは一種のブームとなっているのは確かである。ただし，政府，経済界をも巻き込みつつも，一方で批判的な視点も交えて広がっているのも事実である。この流れはホスピタリティの広がりとも一致している。その点からは，やはりおもてなしの背景にある概念についても，さらに深い考察が必要とされよう。この点は第3章で詳述する。

第4節　「ホスピタリティ」を研究するにあたって

　わが国でホスピタリティについて考えようとすると，心や気持ちといった要素に左右され，かつ，おもてなしという日本固有の考え方にも大きく影響を受けることが理解できただろう。感動につながるような「美談」や「伝説」がことさらにクローズアップされることからも明らかである。

　とはいえ，前述したような「伝説」が，嘘であるというつもりは決してない。ただ，意識しておかなければならないのは，それを最初に実行したケースは確かに素晴らしい対応であったのかもしれないが，その後に同様の対応をしたとしても，それは当たり前のこととなってしまいかねないということなのである。特に，新幹線で忘れ物を届けた話については，その背景である従業員の「現場における判断」と「それが実現できる組織」こそが重要なのに，この「行動のみ」がクローズアップされてしまっている。事実，そのような行動がなされないことがお客様側らのクレームとなり，特に口コミサイトなどでの悪意ある書き込みにつな

がることもある。

　こうしたことを踏まえると，ホスピタリティを取り巻く「伝説」から
われわれが知るべきなのは，上記のような「行為」をすることないしは
させることが「ホスピタリティ・マネジメント」なのではなく，行為を
実行するに至る「思考」を従業員に持たせる環境を構築することこそが，
本来的な「ホスピタリティ・マネジメント」である，ということなので
はないだろうか。以下では，この前提のもとで検討を進めていく。

注

*1　2012年3月時点では，Wikipediaのような百科事典プロジェクトサイトや，
「はてな」のようなナレッジ・コミュニティ・サイトなどにおける，Web上
での説明が散見された。他にも，ホスピタリティ産業（→第3章を参照）へ
の就職を意識したページや，コーチング関連のページなどにおいて，同様の
説明がなされている。この状況は，10年が経過した2022年初頭の時点でも変
化はない。

*2　2012年3月時点では，「学校法人 トラベルジャーナル学園 ホスピタリティ
ツーリズム専門学校」，「亜細亜大学ホスピタリティ・マネジメント学科」
などが比較的上位でヒットする。なお，自身のインタビュー記事（https://
www.toyo.ac.jp/link-toyo/business/hospitality/）などもヒットするので，参
照されたい。

*3　2009年1月時点では，「ホスピタリティ」で検索すると48冊がヒットした
（佐々木・德江（2009），p.1）。また，2012年3月では261冊に増えている。同
時点では，「リッツ・カールトン」，「ディズニー」，あるいは「巣鴨信用金庫」
といった企業に関係する本が多い。その著者がかつて所属していたというこ
とで，出版物に関してはこうした企業が上位にランクされることが多いよう
である。なお，2018年1月は349冊が，2022年1月は567冊がヒットした。

*4　著者が担当している科目は，大きく分けると「ホスピタリティ」系，「観光」
系，「マーケティング」系，その他，に分けられる。同様の調査を「ホスピ
タリティ」系以外のさまざまな講義において行ない，時系列的な変化も検討
しているが，本書では似たような母集団と思われる2つの講義で比較した。

*5　2012年3月，2021年12月に「CiNii Articles - 日本の論文をさがす」で検索
した。なお，これで検索をした場合，学協会刊行物・大学研究紀要・国立国
会図書館の雑誌記事索引データベースなどの学術論文情報を検索することが

可能である。

＊6　①は力石（2004），pp.38-39.，②は高野（2005），pp.124-125.をもとにした。

＊7　発足当初は，他に㈱博報堂，㈱プラスディー，㈱フランチャイズアドバン
テージも実行委員会を構成していた。

＊8　以上，いずれも同団体HP：https://omotenashinippon.jp/より。

参考文献

海老原靖也（2005）『ホスピタリティー入門』大正大学出版会。

王文娟（2014）「「ホスピタリティ」概念の受容と変容」『広島大学マネジメント
研究』第15号，pp.47-63。

小沢道紀（2016）「ホスピタリティ再考」『立命館経営学』第54巻第4号，pp.177-
194。

加藤鉱・山本哲士（2009）『ホスピタリティの正体』ビジネス社。

鎌田実（2007）『超ホスピタリティ』PHP研究所。

児玉桜代里（2016）「ホスピタリティ・ビジネスにおける感情労働者のリスク」『明
星大学経営学研究紀要』第11号，pp.25-45。

佐々木茂・徳江順一郎（2009）「ホスピタリティ研究の潮流と今後の課題」『産業
研究』第44巻第2号，高崎経済大学附属産業研究所。

四宮由紀子（2005）「日本ホテル企業の国際経営に関する実態調査―質問票によ
る国際経営に関する意識調査―」『商経学叢』第51巻第3号，近畿大学，
pp.169-192。

清水均（2006）『ホスピタリティコーチング』日経BP社。

白井志津子（2016）「介護職におけるホスピタリティの重要性に関する検討」『広
島大学マネジメント研究』第17号，pp.13-21。

高野登（2005）『リッツ・カールトンが大切にするサービスを超える瞬間』かん
き出版。

力石寛夫（2004）『続ホスピタリティ』商業界。

徳江順一郎［編著］（2011）『サービス＆ホスピタリティ・マネジメント』産業能
率大学出版部。

花田景子（2015）『女将が聞いたプロフェッショナル12名のホスピタリティ　日
本人の心　おもてなし』世界文化社。

第2章

ホスピタリティの
起源・語源と歴史

Hospitality
Management

ホスピタリティの起源・語源

第1節

　ホスピタリティに関連する研究に携わる研究者によって，ホスピタリティの起源や語源についてはかなり明らかとなってきている。また，この点については，研究者間で見解も大きくは異なっていない。

　多くの論者が一致しているのは，ホスピタリティはそもそも，「共同体外からの未知の訪問者を歓待し，宿泊・食事・衣類を無償で提供」する「異人歓待」という風習に遡るということである[*1]。つまり，かなり古い時代から存在する概念と関係があると考えることができよう。

　実際，ホスピタリティに関係するさまざまな言葉はいずれも，数千年前に用いられていたと考えられている印欧祖語（PIE：Proto-Indo-European）の*ghos-tiにたどりつくことになる[*2]。この言葉は現代英語にすると，stranger，guest，hostといった意味を内包しており，いくつかのゲルマン語系の言語を経て英語のguestになっている。

　また，*ghos-tiはラテン語のhostisを経て英語のhostにもなっている。正反対の意味を持つ言葉のルーツが同じ*ghos-tiであるということは大変に興味深い。

　そして，*ghos-tiが同じ印欧祖語の*potiとつながり，*ghos-pot-や*ghos-po(d)-となり，ラテン語の「客をもてなす主人」という意味のhospesを経て同じラテン語のhospitālisへとつながっていった。これは，交通機関や宿泊施設が整備されていない時代に，危険と隣り合わせで巡礼する異邦人を歓待することとされている。このhospitālisが，やがて現代英語のhospitalityとなった。hospesから派生した言葉には，hospice

やhospitalなどもあり，ホスピタリティとの関連がよく分かる。

　一方で，ギリシャ語でも同様の展開を経て，*ghos-tiはxenosとなり，さらに「外国（人）好み」という意味であるxenophileや，「外国（人）嫌い」という意味であるxenophobiaという言葉にも派生していった*3。

　いずれにせよ，ホスピタリティは，hostという意味やguestという意味，あるいはenemyといった意味と関連があるという点は興味深い。これらの関係をまとめたものが図表2-1である。

　しかし，ここで一つ疑問が浮かぶ。いくら宗教的目的の巡礼者とはいっても，なぜ見知らぬ人を泊めたのであろうか。人間同士だから，助け合いが重要である，心が大事である，親切にすることが…さまざまな理由が考えられる。だが，素朴な疑問として，泊めてあげた側は危険だとは考えなかったのだろうか。あるいは，泊めてあげた結果，実際にひどい目に遭った人はいなかったのであろうか。

　当時は地域によっては治安も保たれていないような状況であったと考えられる。場所によっては無法地帯のようなところもあっただろう。一方，現代の先進諸国では，それなりに治安が保たれており，当時よりも危険は少ないと考えられるが，それでも知らない人がいきなりやってきて，「泊めてくれ」と頼まれたとしても，そんなに簡単に泊めてあげるだろうか。

　実際にはこのような例はごくまれであるといわざるをえない。少なくとも今の日本において，知らない人から急に泊まりたいと言われても，気味悪がって避けるのが基本となるだろう。

　事実，一般にホテルでは，予約なしに急に泊まりに来た人を，デポジットなしで，あるいはクレジットカードのプリントなしで泊めることはありえない。ましてや，一般の家庭にいきなり泊まらせてもらうことは，

図表2-1 ホスピタリティに関連する諸語の変遷図

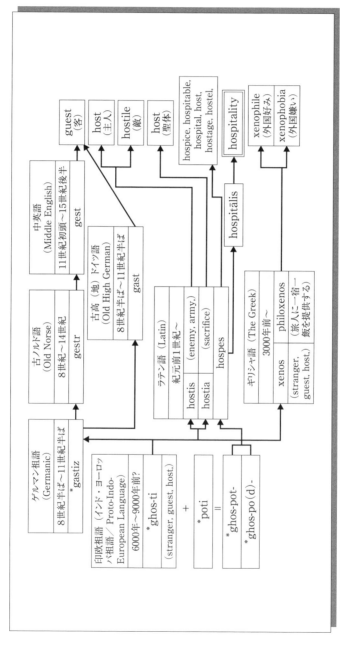

注）各項目のカッコ内は現代英語または日本語。
出典：O Gorman（2007）をもとに著者作成。

常識はずれの行動である。

　それでも，「ホスピタリティの実現には心が大事」だから泊めなければならないとは誰も言わないだろう。もしも「心が大事」だからと泊めてあげたとして，無事にすむ確率の方がはるかに低いのではないだろうか。こうした事実こそが，「ホスピタリティ：心」と声高に叫ぶことの危険性を如実に物語っているといえよう。

　だが，一方でこのような風習が存在したこともまた確かなようである。今よりもはるかに危険性が高いと考えられる時代背景のもとで，なぜ異人歓待という風習があったのか，古典の記述から考察してみたい。

聖書にみられる異邦人との関係

　いずれにしても，かなり古くからホスピタリティという概念，あるいはホスピタリティに関係する概念が存在していることは確かである。実際，さまざまな古典にもホスピタリティに関係する記述がある[4]。

　旧約聖書には多くの記述がみられる。創世記　18-1〜8には，まさに「おもてなし」ている場面の描写がある。

　　　ヤハウェがマムレのかしの木の所でアブラハムに現れた。日盛りのころ，彼（引用者注：アブラハム）は天幕の入口にすわっていた。ふと目をあげて見ると，三人の人が前に立っていた。すぐさま彼（引用者注：アブラハム）は天幕の入口から走っていって，彼らを迎えた。そして地面にひざまずいて，言った。

　　　「旅の方，よろしかったらどうぞ僕（引用者注：しもべ）の所にお

立ち寄りください。水を持ってこさせますから，足を洗って，木の
下でお休みくださいませ。パンも持ってまいりますから，それで元
気をつけて，またお出かけなさい。せっかく，僕の所をお通りかか
りになったのですから」

　すると彼らは言った。

　「では，そのようにさせてもらいましょう。」

　そこでアブラハムは，急いで天幕の中にいるサラのところに来て
言った。

　「大急ぎで上等の麦粉を三セアこねて，お菓子を作っておくれ」

　それから，牛の群れの所に走ってゆき，柔らかい上等の子牛を取
って若い者にわたし，急いでそれを料理させた。彼（引用者注：ア
ブラハム）は，凝乳と牛乳と料理したての子牛を取って，彼らの前
においた。そして，木の下で彼らが食べている間，そばにひかえて
いた（中沢（2004），pp.52-53）。

創世記19-1〜9には，旅人はなんとしても守らなくてはならないとい
う意識がうかがえる記述がある。

　　み使いたち二人は夕刻ソドムに着いた。ロトがソドムの門の所に
すわっていた。ロトは彼らを見，立ちあがって迎えた。そして，地
にひざまずき，

　「旅の方，どうか僕（引用者注：しもべ）の家にお越しください。
足を洗ってお泊りください。そして，明朝早く旅立つようになさい
ませ。」

と言った。彼らは，

　「いや，われわれは広場に泊まろう」

と答えた。しかし，ロトが強くすすめたので，彼らはロトの所に向

かい，その家に着いた。ロトは彼らのために酒肴をととのえ，種なしのパンを焼いて，ふるまった。彼らがまだ床につかぬうちに，ソドムの町の人々が家を取り巻き，若い者から年寄りまでみんなが押しかけてきて，ロトにむかって叫んだ。

「今夜おまえの所に着いた奴らはどこにいるのだ。ここへ連れてきて，なぶらせろ」

ロトは彼らのいる戸口の外へ出てゆき，戸をしめて言った。

「皆の衆，乱暴をしないでくれ。よいか，わしにはおぼこ娘（引用者注：まだ嫁がせていない娘）が二人ある。この娘たちを差し出すから，好きなようにしてくれ。だが，この客人たちには手出しをしないでくれ。せっかく，わしの屋根の下に立ち寄ってくれたのだから」

すると彼らはロトにむかって言った。

「引っこんでろ！　こいつは一人でやってきた余所者のくせに，もう首長のようにふるまっている。よし，あいつらよりさきに，おまえを叩きのめしてやる」

言いも終わらず，彼らはロトの胸ぐらを取って詰め寄り，戸を破ろうとした（中沢（2004），pp.57-58）。

また，レビ記　19-33～34には，外からの寄留者への対応について，差別しないという方向性が論じられている。

あなたたちの土地で，あなたのもとに異国人が寄留しているなら，あなたたちは決して彼を抑圧してはならない。あなたたちは，あなたたちのもとに寄留している異国人を，あなたたちの間の生粋の者と同じように遇しなさい。あなたは彼に対し，あなた自身と同じような者として友愛をもって接しなさい。なぜなら，あなたたち自身

もかつてはエジプトの地で寄留の異国人だったからである。わたし
はヤハウェ，あなたたちの神である（木幡・山我（2000），p.335）。

そして，申命記　10-17〜19には，以下の記述がある。

> あなたたちの神ヤハウェこそは神々の中の神，主〔たる者〕の中
> の主にいまし，偉大にして力がある恐るべき神で，人を偏り見ず，
> 賄賂を受け取らず，孤児や寡婦に正しい裁きを行ない，寄留者を愛
> し食物や着物を与える〔神だ〕からである。あなたたちは寄留者を
> 愛しなさい。あなたたちもエジプトの地では寄留者だったからであ
> る（山我・鈴木（2001），pp.297-298）。

さらに，列王記　下　6-22，6-23には，宴によって「歓待」すること
で，守られたことが記述される。

> 彼（引用者注：エリシャ）は言った。
>
> 「撃ってはならない。あなたは自分の剣や弓で捕虜とした者を撃
> つのか。彼らにパンと水を与え，飲み食いさせて，彼らの主君のも
> とに行かせなさい。」
>
> 王は彼らのために盛大な宴を設けた。彼らは食べて飲んだ後，自
> 分たちの主君のもとに帰って行った。アラムの略奪隊は二度とイス
> ラエルの地に来なかった（池田（1999），p.178）。

加えて，ヨブ記　31-32には，いつでも泊めるという姿勢において，
ホスピタリティの語源とも共通項を持つ話がある。

> 他国の者をわたしは外に宿らしたことはなく
>
> 旅人にわたしの門をいつも開いた（関根（1971），p.116）。

最後に，イザヤ書　25-6にも，宴の場面がある。

> 万軍のヤハウェはこの山の上で諸国民すべてのために，脂身のご
> 馳走，極上葡萄酒のご馳走，脂の乗った脂身，よく漉された極上葡

萄酒を整えられる（関根（1997），p.101）。

　いずれにせよ，聖書においては旅人を接遇することがきわめて重要な行為であるという主張で貫かれており，むしろ現代日本の「おもてなし」に近い方向性といえるだろう。しかし，その背景にある思想は，あくまでも神（の化身）がそのように主張している，という点では一致しており，この辺りのアプローチはわれわれ日本人とは少々異なっているといえるのではないだろうか。

 第3節　ギリシャ・ローマにみられる異邦人との関係

　時代が下って，古代ギリシャ・ローマ時代にも関連する記述が多数みられる[5]。

　Reece（1993）では，有名な吟遊詩人であったホメロス（古典ギリシャ語：Ομηρος，ラテン文字表記：*Hóomêros*）の著作に，ホスピタリティに関する場面が18箇所存在することが示されている。代表作となっている『オデュッセイア（ΟΔΥΣΣΕΙΑ）』には多くの場面が登場する。例えば，第一歌113-143には，以下の記述がある。

　　女神の姿をいち早く認めたのは，神にも見紛うテレマコス，求婚者たちの間に心を痛めて坐っていたが，胸の内には勇武の父の姿を描きつつ，どこぞから父が立ち帰り，屋敷内の求婚者どもを蹴散らして領主の地位を取り戻し，再び自領を治める日を夢みていた。かかることごとを思いめぐらしつつ，求婚者たちと同席しているとき，アテネの姿を見たのであるが，外来の客をいつまでも戸口に立たせ

ておくのは怪しからぬことと直ぐに玄関に歩み寄り，客の身近に立つと，その右手を握り，青銅の槍を受け取ると，翼ある言葉（引用者注：「早い」という意味が込められている）をかけていうには，

「ようこそおいでなされた，他国の方よ。この屋敷でおもてなしいたしましょう。しかし先ず食事をおとりいただき，それから御用件を伺いましょうか。」

こういって先に立つと…

（中略）

女中の一人が黄金の見事な水差しに，手洗いの水をもたらし，銀の水盤の上で注いで手を洗わせた後，磨かれた食卓を客の傍らに拡げれば，気品ある女中頭がパンとともに，貯えの食料を惜しみなく供して，数々の珍味を山の如く卓上に置く。肉切り役の給仕が，さまざまな種類の肉を盛った皿を取り上げて食卓に供し，黄金の酒盃を二人の手元に置くと，近習が二人のために幾たびも酌をして廻る（松平（1994a），pp.16-17）。

実はその後に，テレマコスはアテネに自己紹介を求めている。つまり，まずはもてなしたうえで，あなたはどなた？という流れなのである。

続く場面では，歌や踊りも披露され，この時代におけるホスピタリティとして，以下の要素が見出される。

歓待，食事，ゆったりと座れる場所，エンターテインメント，

また，古代ローマ時代のオウィディウス（Publius Ovidius Naso）による「変身物語（Metamorphoses）」には，こんな話がある。

いまいったその場所からさほど遠くないあたりに，沼がある。むかしは人間が住んでいた土地なのだが，今では，鵜や大鷭などが群がり住んでいる。あるとき，ユピテル（引用者注：ジュピター）が，

人間の姿に身を変えて，そこへやってきたことがある。息子のメル
クリウス（引用者注：マーキュリー）も，足につけた翼を外して，
父親と連れだっていた。ふたりは，憩うべき宿を求めて，数多い家々
を訪ねたが，すべての家々が門を閉ざした。だが，一軒だけが彼ら
を迎えてくれた。わらと葦で屋根をふいた，いかにも小さな家だっ
たが，敬虔な老婆バウキスと，同じ老年のピレモンが，若かりしこ
ろに結婚したのがこのあばらやでだった。ふたりはここでともに年
を取り，貧乏を隠そうとはせずに，みち足りた心でそれに堪えるこ
とで，貧しさも苦にはならなかったのだ。ここには，主人も召し使
いもいない。そういう区別が無意味なのだ。ふたりが全家族であり，
服従すると同時に，命令もしているというわけだ（中村（1981），
pp.336-337）。

二人の神々が泊まるところを探しても，貧乏な老夫婦しか迎えてくれな
かった。彼らはなけなしのキャベツや豚の背肉を出してもてなし，色々
な話をして暇を感じさせないように努め，湯を沸かして寒くないように
したりするなど，貧乏ながら精一杯の対応をした。やがて神々がとった
対応は，以下の通りである。

　　「わたしたちは神なのだ。近隣の不信心なやからは，ふさわしい
　　報いを受けるだろう。だが，おまえたちには，この災いを免れさせ
　　てやろう。ただ，おまえたちの家をあとにして，わたしたちについ
　　て来るように！　あの高い山へ同行するのだ！」

　　ふたりは，杖に支えられて，長い坂道を懸命にのぼっていゆく。
　　頂上はまだ遠かった。いったん弓を放たれた矢が宙を飛んで行くほ
　　どのへだたりがあったであろうか。ふたりがふり返ってみると，ほ
　　かのものはみな沼に沈んで，自分たちの家だけが残っている。あま

りのことにびっくりし，隣人たちの運命を嘆いているうちに，ふたりが住むだけでも狭くるしかったあの古いあばらやが神殿に変わった。ふたまたの木の柱が，石の円柱に取って代わられ，葺き藁は山吹色に輝いて，みるみる黄金の屋根となる。門には彫り模様が施され，床は大理石でおおわれる（中村（1981），pp.339-340）。

つまり，ホスピタリティな対応をした者は救われ，そうでないものは大洪水に流されてしまったという話になっている。

古代ギリシャ・ローマにおけるホスピタリティ関連の記述は，食事以外にもエンターテインメントの要素が付加されたうえ，それをしなければ大変なことになる，という方向性でのいわば寓話的な要素も加味されたことが分かるだろう。

第4節 古典にみられるホスピタリティのまとめ

こうした記述をもとにして考察していくと，聖書では，ホスピタリティな義務を果たすことが最重要であるとされており，神話においてはホスピタリティの表現によって神の怒りが鎮まったことが強調されている。

つまり，聖書の時代においては，ホスピタリティは宗教的な義務としての存在，いわば価値尺度や価値基準に近い要素であり，それが現在にも受け継がれていると考えられるのである。

「最後の晩餐」に象徴される「もてなし」に対して，特にキリスト教では特別な感慨が湧くことは否定できまい。その特別な感慨こそが西洋的ホスピタリティの一つの表れであると考えられるのではないだろうか。

図表2-2	oikos の派生語

economy（経済学）　←	oikos-nomos（オイコスに関する規則）
ecology（生態学）　←	oikos-logos（オイコスの論理）

出典：青山学院大学経済学部同窓会会報など。

　また，古代ギリシャではこうした考え方の延長線上に，家を軸とした
ホスピタリティが据えられることとなった。ホメロスの著作におけるホ
スピタリティの軸として，古代ギリシャ語のoikosという言葉が頻出す
る。これは，「家，家庭，氏族，家屋の集まり，集落」といった意味を
持っており，いわば人々の結びつきのことである。なお，この言葉がも
とになって，economyやecologyが生まれた（図表2-2）。

　実際に，もともとギリシャの都市国家ポリスは村を単位とした共同体
が集合したものである。家という単位が集まって村という単位になり，
さらに集合体となって，ポリスが形成されたということである。アテナ
イ建国の王テセウス（ギリシャ語：Θησευς，ラテン文字表記：*Theseus*）は，
散在していた人々に「集住」（*synoikis*）を提案し実現させたことで英雄
となったが，その成功の鍵は「平等」というキーワードにあるとされて
いる＊6。そういう意味では，やはりホスピタリティ概念との親和性の
高い鍵概念が存在しており，これもまた一つの価値尺度としてポリスを
覆っていたと判断できよう。

　なお，余談ながら，オイコスが「経済」となっていったのに対し，ポ
リス（ギリシャ語：πόλις）は「政治」（politics）となっていったことも興
味深い事実である。

　また，古代ギリシャにおいては，紀元前594年アルコン（古代アテナイ

の最高職）に就任したソロン（*Solon*）についても言及しておかねばならない。彼はアテナイの立法家で，紀元前594年に「ソロンの改革」と呼ばれる国制改革を通して，貴族と平民の対立解消を図ったが失敗したといわれている。のちにギリシャ七賢人の一人に叙せられた。

　彼は今でいう憲法改正をはじめとしたさまざまな施策を実施したが，その中の一つに，居留外国人の市民権獲得条件を緩和する代わりに，臨時徴税や工芸産業への従事等を義務づけたものがある。この背景も，家庭におけるホスピタリティを重視した前提がその後，家から出て都市住民間のホスピタリティへと発展してゆき，身分差をも超越しようとした表出であるともとらえられるだろう。さらにペロポネソス戦争（紀元前431年〜401年）の勃発により，古代ギリシャ全体にこうした考え方が広まっていき，そのプロセスにおいて商業的な方向性も加味されるようになった。

　さて，こうした前提を眺めてくると，やはり人間が「自然にかつ自発的に心からなしたもの」あるいは「心からのおもてなし」がホスピタリティ，ではない方向性のアプローチが垣間みえよう。自発的にしたことが皆無であるというつもりは毛頭ないが，旅人をもてなしたり泊めたりするというホスピタリティの背景には，神を畏れる心や，共同体内の無意識的規範が存在したことが大きな要因といえるのではないだろうか。つまり，神がいるから（場合によっては仕方なく）「心をこめる」ということであり，「村八分」が嫌だからもてなす，ということにもつながっていく。

　「心をこめたおもてなしが重要」と指針のみ示しても，なかなかそれが広まらないのは，やはりこうした規範に基づいたアプローチや，社会的尺度のような「見えざる強制力」のような方向性での知見が足りないということも，その原因の一つなのかもしれない。

注

＊1　カギ括弧内の表記を中心として，服部（2004），p.31に拠る。

＊2　徳江（2011），pp.11-12。また，言葉の前に＊のついた語は，語源を直接た
　　どることができないため，推定に基づいて構成された語形であることを示す。

＊3　以上，徳江（2011），pp.11-12。

＊4　以下の記述については，O'Gorman（2007）をもとにした。

＊5　以下の記述は，O'Gorman（2007），や服部（2004），などを参考にした。

＊6　的射場（2008），pp.2-4。ただし，その前提には「戦う集団」というキーワ
　　ードがつきまとう。

参考文献

O'Gorman, K. D.(2007), "Dimensions of Hospitality: Exploring Ancient and
　　Classical Origins", Lashley, C., P. Lynch & A. Morrison(Eds.)(2007),
　　Hospitality: a Social Lens, Elsevier, -Advances in tourism research series,
　　pp.17-32.

Lashley, C., P. Lynch & A. Morrison(Eds.)(2007), *Hospitality: a Social Lens*,
　　Elsevier, -Advances in tourism research series.

Reece, S.(1993), *The Stranger's Welcome: Oral Theory and the Aesthetics of the
　　Homeric Hospitality Scene*, University of Michigan Press.

池田裕訳（1999）『列王記』岩波書店。

木幡藤子・山我哲雄訳（2000）『出エジプト記　レビ記』岩波書店。

関根正雄訳（1971）『ヨブ記』岩波書店。

関根清三訳（1997）『イザヤ書』岩波書店。

徳江順一郎［編著］（2011）『サービス＆ホスピタリティ・マネジメント』産業能
　　率大学出版部。

中沢洽樹訳（2004）『旧約聖書』中央公論新社。

中村善也訳（1981）『オウィディウス変身物語（上）』岩波書店。

中村善也訳（1984）『オウィディウス変身物語（下）』岩波書店。

服部勝人（2004）『ホスピタリティ学原論』内外出版。

松平千秋訳（1994a）『ホメロス　オデュッセイア（上）』岩波書店。

松平千秋訳（1994b）『ホメロス　オデュッセイア（下）』岩波書店。

的射場敬一（2008）「戦士と食卓　―ギリシアポリスと政治の条件―」『國士舘大
　　學政經論叢』通号第145号，国士舘大学政経学会。

山我哲雄・鈴木佳秀訳（2001）『民数記　申命記』岩波書店。

第3章

ホスピタリティに
関連する諸研究

3
Hospitality
Management

第1節　ホスピタリティ研究を取り巻く構図

　本章では，一般的なイメージ，起源や語源，歴史的なポイントを踏ま
えて，学術的な見地からなされてきた関連する研究について概観する。

　これまで，ホスピタリティに関連するさまざまな研究がなされてきた。
いずれにも共通する大きなテーマの一つに，「そもそもホスピタリティ
とはなんであるか」という概念把握のための数々のアプローチが挙げら
れる（図表3-1）。

　起源・語源的アプローチは多くの論者が何らかの形で採用している。
本書でも前章にて触れたが，ホスピタリティの起源や語源から，その姿
を浮き彫りにしようとする試みである。また，やはり前章のように，聖

図表3-1　　　　ホスピタリティ概念へのアプローチ

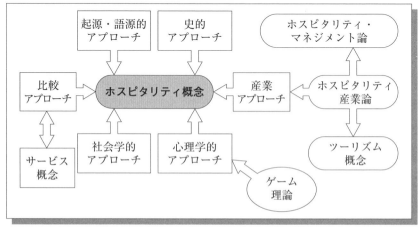

出典：徳江（2011），p.31。

書や叙事詩，他の作品などを対象とした，ホスピタリティに関連する事項の記述的な研究も多い。これは史的アプローチととらえられるだろう。

　そして，米国を中心として研究されているのが「ホスピタリティ産業」という産業領域を規定して，経営上の諸問題を中心に研究を進めるホスピタリティ産業論である（次節で詳述する）。その中には，ここから帰納的にホスピタリティ概念を考察する方向性も散見される。この考え方は，観光産業論やサービス産業論などとも関係するアプローチといえる。

　さらに，社会学や心理学の知見を援用してホスピタリティに肉薄しようとした研究も存在する。相手との関係を考察する際に，ゲーム理論などの手法も加味して浮き彫りにするものである（第8章を参照）。

　加えて，サービス概念との対比によって，ホスピタリティに対して一般に抱かれているイメージや特性を考慮に入れつつアプローチする方向性も多い。この場合には，サービスの語源との対比によって，ホスピタリティの相互性が強調されることもしばしばである。本書でも，第6章で採用している。

　こうした研究は皆，比較的最近になってからなされるようになってきた。一方で，他分野の研究における言及は図表3-2のように多面的な分野でみられる。

　他にも，わが国では独自の文化である茶の湯（茶道）や華道に見られる対人関係上のマナーや作法からホスピタリティを考察するアプローチや，みだしなみから関係すると思われる要素について検討するような方向性も散見される。また，経営組織論に隣接する形で，かつての「日本型経営」といわれるような組織を対象として理論展開を図ったもの，あるいは類似企業の比較から，ホスピタリティの多寡について論じた方向性も存在する。多様なアプローチによって，いわば「ホスピタリティの

図表3-2 ホスピタリティに言及がされている研究

	70年代以前	80年代	90年代	00年代
神学		Koenig（1985）	Pohl（1999）	
社会学	Goffman（1969） Douglas（1975）	Bourdieu（1984） Finkelstein（1989）	Featherstone（1991） Beardsworth & Keil（1997） Bell & Valentine（1997）	Ritzer（2004）
史学	White（1970）		Heal（1990）	Walton（2000） Strong（2002）
人類学				Selwyn（2000）
哲学			Telfer（1996）	Derrida（2002）

出典：Lashley et al.（2007），p.1の記述をもとに著者がまとめた。

定義づけ」が目指されてきたのである。

　ただ，残念なことに，現時点では，マーケティング分野における AMA（アメリカマーケティング協会）でのマーケティングに関する定義のような，分野内での統一的見解に対する合意は存在しない。多面的なアプローチがなされているために，本質的な部分に関しては同じようなことを意識しているようであるが，表面的な要素の解釈について，非常に多くのバリエーションが生じてしまっているように感じられる。

　これは，どの分野でも，それぞれ独特の解釈や用語の使用法があるために，どうしても生じてしまう「ずれ」であることも多いが，中には根源的な相違もある。また，いずれのアプローチが正しく，いずれが間違いかといった議論も時たまみられることがあるが，学問の本質を外した見当はずれな議論であるといわざるをえない。

　こうした状況を踏まえると，むしろある特定分野における理論体系の延長線上にホスピタリティを位置づけ，重厚な先行研究をもとにしてそ

の正体に迫っていく方が，より真の姿に肉薄できるのではないだろうか。その意味では，図表3-1におけるいずれのアプローチでも，先行研究の積み重ねさえあれば，どのアプローチを採用しても大差ない結論が導けよう。

ホスピタリティ関連研究

第2節

いずれにせよ，ホスピタリティ概念についての統一的見解が存在しない状況ながら，関連する多くの研究がなされてきているのは確かである。整理すると図表3-3のようにまとめられる。

　以下，これら三つの研究領域について，それぞれの特性や内容について説明する。

1　ホスピタリティ研究

そもそもホスピタリティとはどのような概念であるのかを明らかにしようとしたり，ホスピタリティが持つ特性を説明しようとしたりすることが目的となる研究領域である。ただし，わが国ではこのアプローチを主軸に据える研究者は必ずしも多くない。とはいえ，多くの研究者は，ホスピタリティについて定義づけをしたうえで，他の議論を展開していくという態度をとっていることもまた事実である。

　この意味においては，当該分野の研究の多くはホスピタリティ研究を踏まえて理論展開を図っているとみなすことができるわけである。

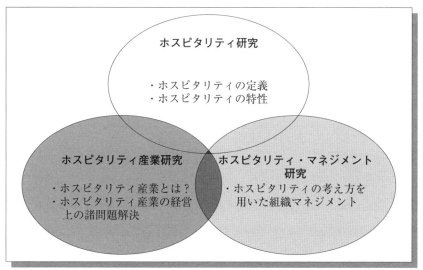

図表3-3 ホスピタリティ関連の諸研究

出典：徳江（2011），p.30。

　ただし，ホスピタリティ概念の把握を目指すアプローチや考察のフレームワークは，起源や語源，その後の歴史的経緯などから考察していくパターンと，一般に持たれているイメージなどから類推していくパターンに大別される。あるいは，その双方を用いて考察する方向性も多い。

　研究には地域的な特徴も若干ながら観察される。欧米では，人的な相互作用や幸福といったキーワードが抽出されることが多く，背後にキリスト教的な人間観がうかがえる。一方で，ビジネスとしてのホスピタリティとの概念を両立させることに苦心している面も散見される。さらに，米国では宿泊や料飲サービスにおけるゲストに対しての饗応といった考え方が強いのに対して，欧州では社会性を加味した考え方がしばしば用いられるという相違もある。

　一方，わが国では，ホスピタリティを「ふれあい行動」であるとし，「行為」の側面を強調するものや，「社会倫理」という点に重きを置いている定義が多い。他にも，前にも述べたような，心や気持ちが軸となっている考え方や，好ましい接遇といったシンプルな定義も散見される。そして，相互作用，相互性といったキーワードが多用されたり，「感動」が前提となっていたりするうえで，やはり「おもてなし」が根底に置かれるようである。

2　ホスピタリティ産業研究

　思いやりのような「心」の要素があるためか，わが国では「ホスピタリティ・マネジメント」という語に対しては多義的な印象を持つことが多い。しかし，諸外国，特に米国でhospitalityといえば，ホスピタリティ産業とイコールである。そのため，特に米国を中心として盛んに用いられる研究アプローチが，この“Hospitality Management”を「ホスピタリティ産業論」としてとらえるアプローチである。

　わが国でもホスピタリティが冠されている書物には，事実上ホスピタリティ産業研究であるものも多い。これは，この分野の研究者には米国への留学経験を持っている者が多く，米国で学んだホスピタリティ研究手法，すなわちホスピタリティ産業研究を「ホスピタリティ・マネジメント」と称することから生じている。

　前提としては，ホスピタリティ産業の範囲をどこまでとするか，そして理論的支柱となるフレームワークをどうするか，といった点についての議論が必要とされる。

　まず，ホスピタリティ産業とはそもそも何であるかについては，論者

によって若干の相違がみられる。だが，おおむね「観光産業」と「ホスピタリティ産業」という産業カテゴリーを意識したうえで，「ホテル」，「レストラン」，「クラブ」[1]をその中心に置いているケースが多い[2]。近年ではホテルではなく「宿泊産業」に相当する "Lodging" という表現も見られるし，他にもレクリエーションやテーマ・パーク，ゲーミング産業[3]，イベント産業[4]といったものが含まれることもある[5]。

例えば福永・鈴木（1996）においては，

> 「観光産業，宿泊産業，飲食産業，余暇産業，5つの特徴（選択性・代替性が高い，必需性・緊急性が低い，感じの良し悪しが決め手）を有する産業」

と定義づけられ（pp.3-5），一方で米国では

> 「観光産業（旅行，宿泊，飲食，余暇），健康産業（病院，フィットネス），教育産業」

が該当する旨，指摘されている（pp.3-5）。

また，山上（2005）では，ホスピタリティ産業とは，

> 「宿泊・飲食業（＋観光産業（＋教育・健康（＋人的対応すべて）））」

という形で，最広義から最狭義まで複数の定義を示している（p.58）。

この辺りの定義は，論者によって多少異なってはいるが，米国の研究者を含めて大差ないといえる。

福永・鈴木（1996）では，ホスピタリティ産業について規定したうえでホスピタリティについて検討し（第1章），第2章から第7章にかけてはホスピタリティ産業における各種戦略について論じ，ITを中心としたシステム関する章が続き，最後に事例という流れとなっている[6]。

山上（2005）ではこれが逆で，ホスピタリティそのものを第1章で定義づけたうえ，第2章での文化との関係，第3章での日本的経営との関

係を経て，第4章で上記ホスピタリティ産業をサービス産業との比較で論じている。興味深いのはその後の業界研究において，国際航空，ホテルと並んで，タクシーについても論じられている点である。

　欧州でも，もちろんこうした方向性の研究も散見される。例えば英国では，Bowie et al.（2004）が，サービス・エンカウンターを軸に，その前後のプロセスにおけるビジネス上の特性について論じている。

3　ホスピタリティ・マネジメント研究

　これは前項のホスピタリティ産業研究と混同されることもあるが，特に欧州やわが国では厳然と区別されることも多い。すなわち，ホスピタリティ・マネジメントとは，ホスピタリティ産業のみならず，他のさまざまな組織に対してホスピタリティ概念を軸とした組織マネジメントの適用を目指す方向性である。本書もこのアプローチを前提としている。

　例えば，Lashley et al.（2007）においては，ホスピタリティが展開される環境を"Social Lens"によって把握し，さまざまな環境において生じる同一の現象であるホストとゲストとの相互作用としてホスピタリティを把握し，いかにマネジメントするかという視点が提示されている。

　わが国ではやや方向性が異なっている。吉原（2005）は

　　　「ホスピタリティ価値の創造と提供を主な目的として，組織関係
　　　者を方向づけ，一体感を醸成して，プラスの相乗効果を生み出す取
　　　り組みである」（p.96）

として定義を広げたうえで，

　　　「これまでの人間観とホスピタリティを具現化するマネジメント」
　　　（p.19）

と，より一層の普遍性を付与することを試みている。

　この分野の研究は，いずれもホスピタリティ・マネジメントそのものを対象とする研究者たちによる研究が主である。すなわち，自身の主張する「ホスピタリティ観」を軸としたり，自身の定義によるホスピタリティ概念をもとにして，組織をいかにマネジメントするかの研究となる。

　ホスピタリティ産業研究にせよ，ホスピタリティ・マネジメント研究にせよ，いずれにおいても問題となるのは，ホスピタリティ・マネジメントとは，「ホスピタリティに関係する（を扱う）産業」なのか「ホスピタリティ（の精神）によって組織マネジメントを行なうこと」なのか，といった区別がつけられるか否かである。人間同士の接点においてホスピタリティが語られる以上，こうした接点が生じるどの場面において，何を，どのようにマネジメントするかがポイントになるといえるだろう。

第3節　先行研究における「おもてなし」*7

1　2014年以降の研究

　これまで何度か触れたように，わが国のホスピタリティ関連研究においては，「おもてなし」概念を抜きに語ることは難しい。

　第1章でも述べたが，おもてなしの扱いは2013年を境に大きく変化した。そして興味深いことに，2014年以降，世間と足並みを揃えたようにおもてなしをテーマとした研究も多く見られるようになった。

　茂木（2014）は，脳の研究の成果として，「そのときどきに感じる幸福」と「振り返ったときの満足感による幸福」の2種類の幸福があるとし，後者のほうが重要であると主張する（pp.19-20）。そして，個別的対応がなされたり，サプライズがあったりした場合に後者が生じるとし，こうしたことがおもてなしのポイントになっているという。

　また，一条（2015）は，おもてなしには二つの意味があるという。一つは「モノを持って成し遂げる：お客様を待遇すること」で，もう一つは「表裏なし：表裏のないココロでお客様をお迎えすること」である（p.22）。これに関連して，「サプライズ」の多いとあるレストランの事例を出し，「感動」や「サプライズ」に重きを置くことはおもてなしではないと断言する。そして，「察する」ことはおもてなしの原点だが，そのレストランでは察した（つもりの）結果を押しつけていたため，批判の対象にしたとつけ加えた（pp.29-32）。さらに，こうしたサービスを「なんちゃってホスピタリティ」と名づける（pp.33-34）。その前提としてサービスを上下関係が存在し金銭が発生する関係，ホスピタリティを平等な，見返りを要求しない関係とする（pp.13-15）。

　加えて，神道のまつりをおもてなしの原型とし，仏教の慈悲やキリスト教の愛，儒教の仁などを包含する最大公約数として「思いやり」があり，それが形になったものがおもてなしともいう（pp.40-46）。そして，欧米と日本での席次の相違から，おもてなしとホスピタリティの相違にもつなげる（pp.49-51）。

　稲田（2015）は，長尾・梅室（2012）を参考にしつつおもてなしを規定する（pp.53-54）。「伝統的なおもてなしの代表として，まず茶道によるおもてなしがある」とし，そこに「安全の保証」と「主客対等」という特徴があると指摘する。茶を点てる一部始終を全員の前ですること，

点てた茶を回し飲みすることがその証拠という。そして，相手を心地良くする（歓待する）といった提供側の精神性や主客対等といった点に，ホスピタリティとの共通項を見出している。さらに，相違点としては，ホスピタリティに見られない「信頼関係」，「一期一会」，「役割交換」，「もてなされる側の感受性・教養」，「空気を読む」といった要素を挙げ，これらは日本の伝統に基づいているとする。

なお，そのもとになった長尾・梅室（2012）は，茶道における相互信頼と一期一会，旅館におけるくつろぎと独自性，花街における信頼関係と空気を読む能力のそれぞれがおもてなしを形成すると論じる（p.128）。

また，白土・岸田（2016）では，欧米のホスピタリティと日本のおもてなしの精神があいまって，日本ならではのホスピタリティが形成されたと主張する。その根拠として，外資系ラグジュアリー・ホテルの多くが日本の伝統文化である茶道や華道を研究し，サービスに取り入れていることを挙げている。そして，これを「日本のおもてなし＋外国のホスピタリティ＝日本のホスピタリティ」と表現している（pp.Ⅳ-Ⅴ）。

また，白土氏らは，旅館の女将が茶事における亭主の役割を務めていることから，やはり茶事との関連でもおもてなしを説明する。彼らは，茶事における一期一会の精神を主客ともに大切にすることがおもてなしの心の源流で，亭主による掃除やしつらえといった茶事の準備や，招かれた客一人ひとりの好みに合わせてお茶の濃淡や温度を調節することが，茶道のおもてなしの心であるとする。客は亭主のおもてなしの心を汲み取って，「感謝」の念を亭主に伝えることが「一期一会」の成立につながるという。さらに，茶道と小笠原礼法とがあいまって，日本文化におけるおもてなしの心の原点になっているとも主張する（pp.24-25）。

彼らの主張は全般的に，個別的な対応の重要性と客に感謝してもらえ

るようなサービス提供，察する必要性といったことで貫かれている。

　このように，概ねおもてなしに茶道が影響を及ぼした点は，多くの論者が一致している。しかし，山上徹氏の指摘は他と一線を画している。

　山上（2015）は，日本にはもともと対等なおもてなしの心があったという説に疑問を投げかける。封建社会における身分制は絶対で，平安から戦国時代にかけて上下関係が基本だったため，饗応・食事の席にも影響が及んでいた点などを根拠する。確かに，平安時代の大饗（料理）では，膳の数や調味料の数まで異なっていた記録がある。これに一石を投じたのが茶の湯で，にじり口に象徴される平等を前提とし，一期一会，和敬清寂，賓主互換などがキーワードであるという。そして，おもてなしの真髄は茶の湯の精神に基づくと結論づけている（pp.2-5）。

　また，語源については，名詞の「もて（持）」と動詞の「なし（成）」で構成されており，「お」という思いやりを含んだ敬称をつけていることから，「表裏なし」にもつながるとする（pp.7-8）。

　以上よりおもてなしとホスピタリティは，「自他共に人間は同じ存在であるという前提」から，「ホストとゲストとの対等な関係」，「主客双方が同じ目線で『客の喜びは自分の喜び』という水平的・Win-Winの相互関係」が生じる類似性があるとする（p.9）。また，おもてなしの特異性は，「もてなす側の先回り・先読みの気づきが基本」→「潜在的なニーズを顕在的な欲求へと転換することにより双方が感動するWin-Winの関係が構築」という点を挙げている。

　そして，時代が下り江戸時代になると，身分社会において武士に対する「商人しぐさ」があったという仮説を置き，これが「江戸しぐさ」と呼ばれるものに変化したと推測している。そして，明治以降，この身分社会が廃止されて平等な社会が実現されたとも論じている（pp.14-15）。

　ただし，「江戸しぐさ」について原田（2014）は，なんら江戸時代とは関係ない「創作」で，「その『発明』は一九八〇年代を遡らない」（p.38）と断じる。

　最後に興味深い著作を紹介したい。新井（2016）には，執事，すなわち特定のお客様にかかわるプライベート・コンシェルジュに関する記述がある。基本的には大富豪，すなわち保有資産50億円以上，年収5億円以上（p.11）を対象とした「執事」業務だが，興味深いのは，「雨が降っても執事の責任」（p.30）ということである。ゴルフをする日に雨が降ったら，天気のよい場所を選ばなかった執事の責任となる。それを避けることこそが執事の執事たるゆえんであるという。一方，おもてなしを「漠然とした心の持ちよう」ではなく「付加価値を生み，差別化を図るための戦略」であるとする（いずれもp.42）。ただし，「サーヴィスパーソンにとって最大の報酬は，お客さまからの感謝」（p.46）とするなど，いわゆる「情緒性」が強く垣間見られる視点でもある。

2　2013年以前の研究

　数少ない2013年以前の研究として，リクルートワークス編集部（2007）がある。ここでは，旅館，茶道，花街，きもの，しつらい，神と祭といったテーマを設定し，それを取り巻く要素との関係でおもてなしを論じている。

　まず，日本のおもてなしとは，「もてなし」，「しつらい」，「ふるまい」が三位一体となって実現されるという。このうち，「しつらい」は季節や趣向に合わせて部屋を整えること，「ふるまい」は身のこなしである（p.124）。そして，わが国では伝統的に，これを実現するためには「持ち

合わせ」,「間に合わせ」,「取り合わせ」をする必要があり, それが最終
的におもてなしになった（p.125)。確かにわが国では,大陸のように「残
すくらい食事を出す」ことが重要視されなかった。むしろ「ご馳走」と
いう言葉は, もてなすために「馳」せ「走」ることであり, 相手のため
に努める方向性は他の論考とも共通しよう。

　なお, 同書には, 大久保あかね氏による「旅館に残された日本のもて
なしの原型」(pp.28-29)という解説もあり, 日本のもてなしは

　①準備を整えて客を待つ（仕度の原則）

　②くつろげる空間を演出する（しつらえの原則）

　③ゲームのルールを共有する（仕掛の原則）

の3原則に基づいているとする。また, その前提として主人が取り仕切
ることと, ご馳走を振舞うことの二つの条件を挙げている。そのために
Noと言わないとか, 客の要望に従うといったこととは性格が異なると
結論づけている。

　最終的には,おもてなしには「相互性」と「主客の容易な入れ替わり」
が特徴として挙げられ,「もてなし,もてなされるという関係そのもの」
が日本のおもてなしの特徴であるとする（pp.134-135)。

　また, 舘野・松本（2013）は, おもてなしを「付加価値」として,「お
もてなしに対するプラス評価（顧客が受け止めた"付加価値"）を, サ
ービス提供側と顧客双方で分かち合う時に感じ取る思い」(p.3)がホス
ピタリティであるという前提を置く。しかし, この把握ではおもてなし
とホスピタリティとの関係が曖昧なものになりかねないという危惧が生
じる。

3 　特徴的な研究

　こうした流れに一石を投じたのが榎本（2017）である。榎本博明氏は，欧米が「自己中心の文化」であるのに対して，日本は「間柄の文化」であるとする（p.15）。そのうえで，図書館で本を借りる際にもお客様扱いをするような過剰な「おもてなし精神」を批判する。日本人はもともとお互いに気遣いあうことで，心地よい関係が保たれていた。しかし，おもてなしを誤解して過剰な対応をしはじめたことで，こうした関係が崩れてきている。榎本氏は根拠として，日本人の言葉遣いにおけるやわらかい表現に注目する。希望を述べる際に「かも」という接尾辞をつけることで可能性をにおわす形を用いたり，「すみません」という言葉に多義性が生じるのは，こうした「間柄の文化」の賜物であるという。また，和辻（1934, 2007）による「人間」，すなわち「人」の「間」という単語が「人」そのものを指していることも，その証左であるとする。

　一方，本来の感情とは矛盾した態度を示すことが求められる「感情労働」が脚光を浴びるにつれて，おもてなし対応の難しさが指摘されるようになってきた。そのため，感情労働との関連で論じた研究もある。

　乾・松笠（2015）は，感情労働の観点からホテルチェーンの調査を通じて，欧米型やアジア型とは異なる日本型の特質を浮き彫りにした。接客では従業員の感情統制が必要であるが，ホスピタリティの提供には差異が認められるという。欧米型では，商取引としてお客様との対等な関係からフレンドリーなコミュニケーションを通じて高品質なサービス提供を付加価値とするが，アジア型では従属的な対応による丁寧さや謙虚さを目的としたコミュニケーションがなされる。そして，日本型ではおもてなしが基盤になる。

　金城（2014）は，公益財団法人日本生産性本部（2012）による調査を引用し，おもてなしを構成すると考えられる27項目について，日本，米国，中国，フランスを対象に，「各国と比較して日本の方が優れているサービス」についてのアンケート結果を紹介している。日本人が「日本の方が優れている」と評価した割合よりも外国人が「日本の方が優れている」と評価した割合の方が低かった項目は，対米国で17項目，対中国で24項目，対フランスで16項目であった。対３カ国の半数以上の項目において，外国人の評価の方が下回っていることから，日本人が優位と感じているほどには，外国人は日本のおもてなしが優れていると評価していないことが判明した。以上から，金城氏は，日本のおもてなしが「ガラパゴス化」していると主張している。

　同じように定量的な把握を試みたのが，前出の長尾・梅室（2012）である。ここでは，おもてなし概念を明らかにし，その要因を特定しようとした。

　両氏は「ホスピタリティが物質的，精神的な行為に重きを置いているのに対し，おもてなしは行為と並んで行為の背景にある精神性に重きを置く概念」（p.128）としているが，必ずしもホスピタリティが物質的，精神的な行為に重きを置いているとはいえないのではないだろうか。なぜなら，ここでの「ホスピタリティ」は，西洋を中心とする，かつ「ホスピタリティ産業」に関係するホスピタリティの考え方を，先行研究から抜き出したものであるから，この点は当然の帰結にも思われる。

4　おもてなし研究からの知見

　以上，おもてなしに関してはさまざまな議論がなされてきた。しかし，

その正体を端的に示したものは存在しない。そこで，本書では「少なくとも『おもてなし』は日本以外では見られない」ということ，また「『おもてなし』は人と人との接点で生じる」という前提を踏まえて検討したい。

多くの議論に共通するのは，個別的対応，リクエストに対してNoを言わない，感動，無償，茶道の影響，暗黙の了解などであり，特に茶道の影響としては信頼関係，一期一会，役割交換，もてなされる側の感受性・教養，空気を読むといったことである。しかも，これらは2014年以降の研究に特に多い。2013年以前の研究では，茶道の影響や感情労働との関係が軸だった。

ここで気になるのは，複数の研究が，茶道においては，客人の前でお茶を点てること，複数の人が同じ茶碗を回し飲むことで安全性を証明し，無毒であると証明していると主張することである。そして，これが信頼関係につながるとする。京都の花街の例でも，メニューがないこと，売掛が基本であることなどを通じて信頼関係が生じているとする。

しかし，第8章で詳述するが，相手の選択や行為によって自分に被害が及びかねなくても相手に安心できる状況こそが，本当の意味での信頼である[8]。その意味では，茶道では当事者の目前であくまで安心を保証しているに過ぎず，京都の花街も，人的関係を軸とした安心が担保されている点で，いずれも本来的な信頼ではない。

昨今のおもてなしをとりまく風潮も，まさに本来的な信頼ではなく，安心の保証を求める状況といえよう。それが，「顧客満足」概念と結びつき，感情労働における無理を強いる方向性に展開していっているように感じられる。これは，実はホスピタリティの解釈にも共通している。

サービスとホスピタリティ，そしておもてなしは，いずれも異なる概念であるが近い面もある。また，重複している点もあるだろう。そのた

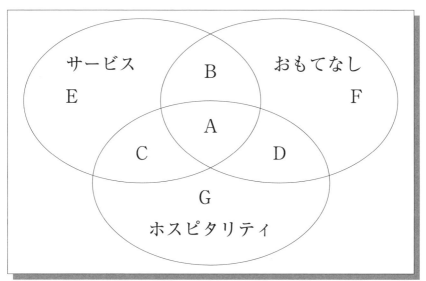

図表3-4　　「おもてなし」とサービス，ホスピタリティの関係図

出典：徳江（2019），p.20.

め，重複している要素とそうではない要素があり，その違いを認識しつ
つ議論することが重要である（図表3-4）。

すなわち，図表3-4におけるAに該当するもの，B，C，Dに含まれる
ものはなにか，こうしたことを意識して初めてそれぞれの特性が明らか
となり，その後の議論にもつながることになる。ちなみに，本書ではA
には「プロセス」，Dには「関係性マネジメント」が入る立場をとる。

かつては，サービスもホスピタリティも，そしてもちろんおもてなし
も基本的には日本人同士のやり取りであった。しかし，海外との交流が
増えたうえ，外来の概念であるサービスやホスピタリティと接し，おも
てなしも変質を余儀なくされている。事実，いくつかの先行研究では，
おもてなしと心配りや気遣いとの違いも曖昧である。つまり，無理にあ

れもこれも「おもてなし」にしようとしているのである。また，こうした心配りや気遣いにおいて，日本人が圧倒的といった言説も多いが，必ずしもそうでないことは繰り返し述べたとおりである。

　要は，日本人も変質し，これまでのおもてなしだけでは対応が難しくなっているということである。多様な顧客に対して，マナーや作法だけでない「教養」の一言で片付けきれないやり取りが増加し，IT技術も活用した個別的対応の重要性が日増しに高まってきているといえる。

第4節　先行研究における課題

　ホスピタリティやおもてなし関連の研究が盛んになってきた一方で，他の学問分野から，あるいはこの分野の研究者からも批判が多くなってきた。そこで，先行研究における問題点について，以下に整理しておく。

1　造語の多用

　学際的であるから，という「言い訳」のもと，ホスピタリティ関連の研究においては，あまりに多くの造語が用いられすぎている。しかし，安易な造語の多用は，先行研究における成果との関係が希薄になる一方で，造語の定義者にとって都合の良い解釈がなされているケースも散見される。それこそ「ホスピタリティ」のように，どうしても他の既存用語では説明しえない概念もあるのかもしれない。しかし，特にホスピタリティからの派生語をあまりに多用しすぎると，この分野が孤立しかね

ず，結果的にホスピタリティが一般に受け入れられにくくなるのではないかと危惧される。

　ホスピタリティ関連の研究でも，可能な限り既存の用語を採用していくことで，研究の深化と他研究分野との交流による好影響の実現とが可能となろう。

2　定義における要素の羅列

　ホスピタリティにはA1，A2，A3，B2，といった要素が含まれ，これをもってホスピタリティとする，という定義づけがなされることも多い。だが，これらはそもそも定義ではなく特性を羅列しているだけであり，かつ，そこに記されていない要素について除外される可能性を生じさせてしまう。いわば「鼻が長く足が太くグレーの色をした動物が象である」と「定義づけ」したようなもので，必ずしもホスピタリティの本質を抽出していない。

　むしろ，例えば象であればDNAによる分類のように，その本質をなんらかの方法で識別してこそ定義づけられたといえるのではないだろうか。このように要素が羅列されている定義を採用すれば，一部の資格試験などを推進する人たちにとっては好都合かもしれないが，理論的なフレームワークのもとでの考察にはあまり有益であるとはいえない。

3　過度の語源重視

　特にサービスとの対比において，ホスピタリティの語源にある相互的な関係と，サービスの語源にある上下・主従関係に対する言及がしばし

ばなされる。そして，これが「これからはサービスではなくホスピタリティである」「サービスよりホスピタリティが上位である」といった主張の根拠にもなっている。

しかし，先行研究における語源からのアプローチには，次項のような情緒性に都合の良い部分を重視していたり，定義における要素羅列のための前提として利用されていたりするケースが見受けられる。語源をあまりに重視しすぎると，例えば「くだらないもの」とは，かつて京都がわが国の政治的・文化的中心地であった時代に…というところから，わが国の中心はやはり京都なのである，といった主張や，「適当に」や「いい加減」という言葉の，語源的な意味と現代的な解釈との乖離に対する説明がつきにくくなったりするのと同様，本質的な要素が見落とされかねない。

本件は，次章のサービスの語源に対する検討で深く考察したい。

4 ホスピタリティ上位の視点

前項，そして次項とも関連するが，サービス概念とホスピタリティ概念が，いずれかが上位概念でありいずれかが下位概念であるという議論も存在する。または，いずれかがより広義の概念でありいずれかがより狭義の概念であるという議論，そしてこれからはサービスではなくホスピタリティの時代であるといった主張もなされているようだ。多くの場合，ホスピタリティ概念の方が上位，あるいは本質的，といった観点から考察されることになる。

しかし，これも不毛な議論である。なぜなら，同じ対象について語ろうとした場合，両者の相違はあくまで視点の相違でしかないからである。

5　情緒的ホスピタリティ観

　これは大きくは二つに分けられる。まず，あまりにも「心」を重視しすぎるという視点である。ホスピタリティの起源には，確かに旅人をもてなした行為に対して精神性が入り込む余地はあるが，ここで大きな疑問となるのは，特に日本では，なぜ「心からの…」といった表現にみられるように，「心」を強調するのか，という点である。これはいわば「情緒的ホスピタリティ観」といえよう。場合によっては，ホスピタリティが社会を幸福にする，ホスピタリティによってなにもかもうまくゆく，といった主張にもつながる。

　サービスとの対比において特に多くみられ，ホスピタリティ絶対視の根源にもなっている。もちろん人間関係に関わることであり，幸福に対する影響もあろうが，他の学問分野の研究成果を引用しつつ，ホスピタリティこそ絶対である，といった「ホスピタリティ原理主義」的主張も一部には存在している。

　ここまで極端ではなくとも，ホスピタリティの訳語とされるおもてなしも，情緒的ホスピタリティ観の影響が無視できない。情緒性が強くなりすぎると，とことん隷属的に対応することが是とされかねず，本質的な部分が隠されてしまう危険性をはらんでいる。さらに，第1章で述べたような，顧客の単なる「わがまま」や顧客側のミスにもとにかく精一杯応えて感動を呼び起こすべき，という方向性で眺めても，ホスピタリティの本質に近づくことは困難となろう。

第5節 ホスピタリティ概念へのアプローチにおける若干の示唆

　このように，ホスピタリティには関連するさまざまなアプローチが存在し，一部には若干の問題点も散見される。しかし，これはアプローチそのものに問題があるとは限らず，研究の手法や途中経過において，何らかの恣意性やバイアスなどが入り込んだ結果であると思われる。繰り返すが，ホスピタリティの理解のためには，いずれのアプローチが正解であるということもない。

　そもそも，学問とは「汝自身を知る」，すなわちすべからく人間を知るためであるともいう。その点からすれば，どのような方向性からホスピタリティそのものを追求しても問題ではない。さらに，その意味からは，本来的には他のアプローチに対してこのような「問題点」をあげつらうのはそれこそ「問題」であるかもしれない。

　しかし，わが国のホスピタリティ研究の進展によって，ホスピタリティ産業が大きく発展しているとはあまり思えない。日本人同士では，「やはり日本のホスピタリティは最高だ」という話をよく耳にするが，日本のホスピタリティ産業は，必ずしも大きく発展しているとはいえない。特に，もっともホスピタリティが求められると考えられる，もっとも高価格帯をターゲットとするホスピタリティ産業は，海外の企業に席巻されてしまいつつある。

　つまり，ホスピタリティのとらえ方そのものに問題が内在しているのである。そして，先行研究を冷静な視点からレビューしていくと，本章で述べたようなさまざまな問題点が目につくことになった。

　ただし，どの学問分野でも，先行研究がすべて正しいということはない。特に社会科学では，周囲の社会環境が変化すれば，それに対応した新しい考察のための枠組みが必要とされることはいうまでもない。

　1990年代までのわが国と，それ以降とでは，環境が大きく異なっている。右肩上がりの成長を遂げた時代と，成長が鈍化し，むしろマイナス成長の時代とでは，ホスピタリティ研究においても異なるアプローチが必要とされよう。そしてもちろん，世界の情勢も大きく変化している。これほど多くの「外資系」ホテルが日本にできようとは，かつては想像さえできなかった。

　一ついえることは，本章で紹介した多くの先行研究があってこそ，別の視点からのアプローチもできるようになっているということである。

　そこで，以下では，豊富な研究の蓄積があるサービスとの対比によってホスピタリティについて理解することを目指していく。ただし，くどいようであるが，これはホスピタリティの方がサービスより優れているといったことを主張するものではない。あくまでホスピタリティ概念を把握しやすくするために，関係の深いサービス概念と関連づけて述べるだけであって，いずれかを上下の関係におくものではない。

注

＊1　ここでいう「クラブ」とは，ナイト・クラブやプライベート・クラブなど，多義的な意味を持っている。わが国の例では，銀座や六本木の「クラブ」はもちろんのこと，テニス・クラブや会員制のゴルフ場まで含まれると考えられよう。
＊2　例えばReid（1989）やAngelo & Vladimir（1991）など。
＊3　ラスベガスやマカオ，近年ではシンガポールなどで有名なカジノ産業のことである。
＊4　単なるイベントに留まらず，国際的なコンベンションや各種展示会などを主催する事業や関連する諸産業も含んでいる。近年ではMICE産業とも関係

する。

＊5　例えばWalker（2009）など。

＊6　第2章以降は，経営戦略（第2章），顧客満足やマーケティング（第3章），人的資源（第4章），利益と資金管理（第5章），会計と税務（第6章），財務分析（第7章），情報システム（第8章），旅行情報システムとマルチメディア（第9章），事例研究（第10章）。

＊7　本節は徳江（2019）を一部改変のうえ，掲載した。

＊8　山岸（1998）に詳しい。

参考文献

Angelo, R. M. & A. N. Vladimir(1991), *Hospitality Today — an Introduction*, Educational Institute of the American Hotel & Motel Association.

Beardsworth, A. & T. Keil(1997), *Sociology on the Menu*, Routledge.

Bell, D. & G. Valentine(1997), *Consuming Geographies*, Routledge.

Bourdieu, P.(1984), *Distinction, a Social Critique on the Judgement of taste*, Routledge and Kegan Paul.

Bowie, D. & F. Buttle(2004), *Hospitality Marketing*, Elsevier.

Derrida, J.(2002), *Acts of Religion*, Routledge.

Douglas, M.(1975), *Deciphersing a Meal*, Routledge and Kegan Paul.

Featherstone, M.(1991), *Consumer Culture and Postmodernism*, Sage.

Finkelstein, J.(1989), *Dining out: Sociology of Modern Manners*, Polity Press.

Goffman, E.(1969), *The Presentation of Self in Everyday Life*, Anchor books.

Halverson, D.(1999), *The Gift of Hospitality*, Chalice Press.

Heal, F.(1990), *Hospitality in Early Modern England*, Oxford University Press.

Koenig, J.(1985), *New Testament Hospitality: Partnership with Strangers as Promise and Mission*, Fortress Press.

Lashley, C., P. Lynch & A. Morrison(Eds.)(2000), *In Search of Hospitality: Theoretical Perspectives and Debates*, Butterworth-Heinemann.

Lashley, C., P. Lynch & A. Morrison(Eds.)(2007), *Hospitality: a Social Lens*, Elsevier, -Advances in tourism research series

Pohl, C.(1999), *Making Room: Recovering Hospitality as a Christian Tradition*, Eerdmans.

Reid, Robert D.(1989), *Hospitality Marketing Management*, Van Nostrand Reinhold.

Ritzer, G.(2004), *The Mcdonaldization of Society*, Pine Forge.

Selwyn, T.(2000), 'An Anthropology of Hospitality', in Lashley et al. (2000).

Strong, R.(2002), *Feast: a History of Grand Eating*, Pimlico.

Telfer, E.(1996), *Food for Thought, Philosophy of Food*, Routledge.

Walker, J. R.(2009), *Introduction to Hospitality* 5th. ed., Pearson Education.

Walton, J. K.(2000), *The British Seaside: Holidays and Resorts in the Twentieth Century*, Manchester University Press.

White, R.(1970), *Palaces of the People: A Social History of Commercial Hospitality*, Taplinger.

新井直之（2016）『執事が教える　至高のおもてなし　心をつかむ「サーヴィス」の極意』きずな出版。

一条真也（2015）『決定版 おもてなし入門』実業之日本社。

稲田賢次（2015）「ホスピタリティに関する概念の一考察：ホスピタリティ，サービス，おもてなしについて」『龍谷大学経営学論集』第55巻第1号，pp.44-57。

乾弘幸・松笠裕之（2015）「欧米とアジアにおけるホスピタリティ提供の差異に関する研究」『産業経営研究所報』第47号，pp.1-13。

榎本博明（2017）『「おもてなし」という残酷社会』平凡社。

川口希史子（2015）『古事記とおもてなし―和の精神を学ぶ―』学研マーケティング。

金城奈々恵（2014）「おもてなし日本：ガラパゴス化からの脱却に向けて」『EY Institute』vol.23, pp.1-7。

金城奈々恵（2015）「おもてなし2.0指標における新しい時代へ向けた企業経営」『EY 総研インサイト』vol.4. August, pp.2-24。

白土健・岸田弘（2016）『エクセレント・サービス＋―おもてなし社会の実現を目指して』創成社。

舘野和子・松本亮三（2013）「観光産業におけるホスピタリティーの現状と課題」『東海大学紀要．観光学部』第4号，pp.1-17。

寺阪今日子・稲葉祐之（2014）「「ホスピタリティ」と「おもてなし」サービスの比較分析―「おもてなし」の特徴とマネジメント―」『社会科学ジャーナル』78号，国際基督教大学社会科学研究所，pp85-120。

徳江順一郎［編著］（2011）『サービス＆ホスピタリティ・マネジメント』産業能率大学出版部。

徳江順一郎（2019）「おもてなし概論」（余暇ツーリズム学会編（2019），第1章，pp.9-22）。

富田昭次（2017）『「おもてなし」の日本文化誌 ホテル・旅館の歴史に学ぶ』青弓社。

原田実（2014）『江戸しぐさの正体　教育をむしばむ偽りの伝統』星海社。

福永昭・鈴木豊［編著］（1996）『ホスピタリティ産業論』中央経済社。

茂木健一郎（2014）『加賀屋さんに教わった おもてなし脳』PHP研究所。

山岸俊男（1998）『信頼の構造：こころと社会の進化ゲーム』東京大学出版会。

山上徹（2005）『ホスピタリティ・マネジメント論』白桃書房。

山上徹（2015）『食ビジネスのおもてなし学』学文社。

余暇ツーリズム学会編（2019）『「おもてなし」を考える ―余暇学と観光学による多面的検討』創文企画。

吉原敬典（2005）『ホスピタリティ・リーダーシップ』白桃書房。

リクルートワークス編集部編（2007）『おもてなしの源流 日本の伝統にサービスの本質を探る』英治出版。

和辻哲郎（1934, 2007）『人間の学としての倫理学』岩波書店。

第4章

サービス概念の把握

4

Hospitality

Management

サービスとは

1 「サービス」に対するイメージ

　サービスという表現は一般にどんな時に使うであろうか。清水 (1988) ではサービスを，以下の四つに分類している (pp.12-22)。

> ▶精神的サービス（サービスを提供する上で基本となる精神的なあり方）
> ▶態度的（環境的）サービス（店舗施設や装飾などの物的環境因子群および接客員の表情，動作などの人的環境因子群）
> ▶機能的（業務的）サービス（それ自身が一つの仕事として成立し，経済価値（交換価値）を有し，支払を前提とした購入の対象となる）
> ▶犠牲的サービス（特定の財の低価格あるいは無料での提供であり本来の概念には含まれない）

　つまり，「あのお店はサービスがいい」といった「対応」は態度的サービス，「ホテルはサービス業である」といった「種類」は機能的サービス，そして「今日もサービス残業…」や「このお料理はサービスです」といった「タダ」または「割引」という要素については犠牲的サービスということになる。

　そのために，同じ会社内でさえ多義的に使われることになる。例えば，

ある店舗で店員が顧客に対して，「サービスするから買ってほしい」という場合と，その企業のスローガンとして掲げられている「サービス向上」のサービスとは意味が異なってくる。前者は「割引する」という意味で上記の犠牲的サービスに該当し，後者は「顧客接遇」という意味で上記の態度的サービスに該当する。

　他にも，最近はあまり聞かれないが，ISP（インターネット・サービス・プロバイダ）という業種や，高速道路にはサービスエリアが存在する。また，テニスではサービス・エースという用語も顔を出してくる[*1]。

　かように「サービス」という言葉は多義的に使われる。これは，外来語の"service"を訳したサービスという言葉が有する意味内容が多様であり，かつ曖昧になってしまっているからである。そこで，ホスピタリティと同様に，まずはサービスでも語源を通じて考察を加えていく。

2　サービスの語源

　サービスはラテン語のservosが語源となっているといわれている[*2]。これは，「奴隷」や「戦利品として獲得した外国人」といった意味がある。そこからラテン語における奴隷を示す形容詞やその行動を示す動詞的な意味を持つserbvitiumを経て，現在のserviceになったという。また，同じラテン語の「仕える」という意味を持つservireを経てserveやservantにもなった。

　このような語源にまつわる話題をもつためか，最近は「サービスは奴隷的な奉仕である」という主張を目にすることがある。そして，この事実が，「だからこそ，これからはホスピタリティ」と主張される根拠にもなったりする。

　実際に，かつてのサービスは奴隷的な側面があったことも否定できない。現在のようなサービス経済化が進展する前には，自給自足が基本という人間の生活が長きにわたって続いていた。そのような社会でサービスが提供されうるのは，奴隷のような特別な人が特権的な階級の人に対してのみに限られていたであろう。近代に入り，工業化が進んでからも，人種差別的な前提の下でのサービス提供における労働力の供給があったことも事実である。かかる環境下では，主人としての存在に対して奉仕するしか生きていく術がなかった人々も存在した。

　しかし，20世紀以降，サービスを提供する側の労働者はサービスを享受する側でもあり，人種差別的・身分差別的な労働力の供給という前提が成り立たなくなっている。特に国民の過半数がサービスに従事しているという環境にある国々ではこの状態が当然のこととなっている。

　それでも「サービスは上下・主従関係」との主張もあるのは確かである。それが，だからこそこれからは主客が平等な相互性に根ざしたホスピタリティなのだ，との主張につながる。

　だが，過度に語源を重視しすぎて，このような主張をした場合には，今度は過度に顧客との関係で平等を目指す風潮が生じてしまうなどし，顧客との関係がぎくしゃくしてしまうといった弊害が生じることがある。もちろん情緒的には主客が平等であることは素晴らしいことかもしれないが，現実にはなかなかそうもいかないであろう。

　もちろん，語源を軽視すべきと言っているのではない。むしろ，語源の検討の仕方が間違っているのではないか，と訴えたいのである。つまり，他の視点からの解釈もより幅広く考慮し，情緒的な解釈を排除して，これまでの常識にとらわれない考察をすべきなのである。

サービス研究の潮流

　サービスに関する研究は，サービスそのものを定義づけ，モノとの比較でサービスの特性を論じることが多い。そこで先行研究におけるサービスの定義をまとめておく。

　マーケティング論の体系化は，「モノ」としての形をもった「製品」を，メーカーが流通を通じて消費者に提供していく中で，いかに円滑にコミュニケーションできるか，という前提の下でなされてきた。こうした流れのなかで，「刺激−反応パラダイム」から「交換パラダイム」，そして「関係性パラダイム」，といったパラダイム転換がなされてきている。

　同様にサービス研究，サービス・マーケティング研究，サービス・マネジメント研究など，サービスの特性に着目したさまざまなサービス研究においても，同様のパラダイム転換が生じている。以下，マーケティング研究における知見を軸としつつ，視点の相違で分けて眺めていく。

1　対比による把握

　サービス定義におけるもっとも古典であると考えられるのが，有形の「モノ」との対比で考えるアプローチであろう。多くの研究者がサービス研究の嚆矢と認めているものに，Rathmell（1974）が挙げられる。ここでは，サービスを以下に定義している。

　　「市場で売買される無形の生産物」（pp.24-27）

　これはまさに有形のモノと対比してサービスをとらえた象徴的な表現

であろう。他にも，販売を目的に提供され，モノの形態に物理的な変化をもたらすことなく，便益と満足を与える活動としている定義も存在する。

しかし物理的に変化がない，あるいは無形すなわち「形がない」という観点が，サービスそのものを定義づけうる積極的な要素であるとは考えにくい。これはあくまで,「サービスの特性」の一つであるにすぎない。

無形ということ以外にも，（生産と消費の）不可分性，（品質の）変動性，消滅性，所有権の移転有無といった，サービスの特性をもってサービスを定義づける方向性もよくみられる。しかしこれらもあくまで特性であり，積極的に定義づけしていると考えることには無理があるだろう。なお，サービスの特性については第5章で詳しく検討する。

2　活動・機能による把握

上記の考え方とは異なるアプローチが，サービスを活動や機能ととらえる考え方である。米国では，このフレームワークの採用が多い。

例えば，米国マーケティング協会では，以下の定義を採用する。

　　「サービスとは，単独またはモノの販売に付帯して提供される活動（activities）であり，便益（benents），または満足（satisfactions）である」

また，Grönroos（1990）の定義は以下である。

　　「サービスは，程度の差はあるものの，基本的には無形の活動，または一連の活動である。そして，かならずしもすべてではないが，通常，顧客と提供者とのあいだ，または顧客と提供者が有する物質的資源やシステムなどとのあいだの相互作用により生起する」(p.21)

Kotler（1991）も類似している。

　　「サービスとは，取引関係にある一方が他方に与えるなんらかの

　　活動，または便益であり，それは基本的に無形であって，なんらの

　　所有権の変更をもたらさない。その生命は，物質的な商品と結合す

　　ることもあるし，しない場合もある」（pp.456-459）

わが国では，近藤（1995）が，そのものずばりの定義をしている。

　　「活動または機能」（p.21）

田中・野村（1996）は，サービスを主体が客体に働きかけるプロセス

との視点を導入した。

　　「諸資源が有用な機能を果たすその働き」（p.38）

これは上原（1999）の

　　「ある経済主体が，他の経済主体の欲求を充足させるために，市

　　場取引を通じて，他の経済主体そのものの位相，ないしは，他の経

　　済主体が使用・消費するモノの位相を変化させる活動（行為）その

　　もの」（p.270）

という定義にも通じるが，実際の取引場面においては，「有用な機能」

を発揮されなかったり「欲求を充足」できなかった場合でも，サービス

を受けた場合には取引がなされたという事実を説明しえない面がある。

　ただ，「欲求を充足」させるための「位相変化」の「プロセス」とい

う考え方は一考に値する。モノの場合でもそうだが，「位相」を変化さ

せる必要がなぜあるかというと，「消費者のニーズを満たすため」である。

ある財がそのままでは満たせないニーズがある場合に，形態の変化や他

の財との合成などといった位相変化を経て，より多くのニーズを満たし

うるように変化させられる。これは小宮路監訳（2002）においても，サ

ービスが

　　「顧客にベネフィットを与える行為やパフォーマンス」

であり，

　　「サービスの受け手に対し－あるいは受け手に成り代わり―望ま

　　しい変化をもたらすことで実現される」（いずれもp.4）

という記述とも整合される。

③　限定による把握

　一方，サービスをより狭い範囲でとらえた定義もある。まず，Bessom
(1973) をみてみよう。

　　「サービスとは，販売のために提供されるなんらかの活動であり，

　　それにより価値ある便益，または満足を顧客に与えるものである。

　　そしてその活動は，顧客が自分ではなし得ない，またはしたくない

　　と思うようなものである」(p.9)

　そして，Fisk, R. P. (2004) では，主体を人間に限定している。

　　「人間の行為であり，演技であり，何かを成し遂げようとする努

　　力である」（小川・戸谷監訳 (2005)，p.12)

　ただ，実際の場面においては，何らかの人間的関与が大きいことは確
かであるが，主体は必ずしも人間のみにとどまらない。例えばわれわれ
は，テレビの番組を見るという行為がサービスを受けているという意識
でとらえられるであろうが，その主体は「人間単体」ではなく，番組制
作の仕組みや放送のための設備，あるいは家庭側でのテレビ受像機の存
在など，多岐にわたっており限定しにくい。

　また亀岡監修 (2007) においては，

　　「サービスとは，人や組織がその目的を達成するために必要な活

動を支援することである」

としたうえで，さらに

　　「サービスとは，人，組織，社会が，それぞれの欲求実現，目標
　　達成，機能遂行のために，必要な活動や機能を支援すること」（い
　　ずれもpp25-26）

とし，他の活動や機能を支援する，という方向に限定している。

　しかし，支援することは確かに一つのサービスであろうが，支援のみ
がサービスというわけではない。美容院での調髪のように，相互的なや
り取りで成り立つ場合もあるし，教育は支援という表現がそぐわない。

　そもそも限定することによってサービスをとらえる試みは，サービス
の多義性が原因であろう。それぞれの研究者たちの頭の中には，色々な
サービスに対するイメージが存在する。モノとしての製品であれば，客
観的に把握できるが，サービスはそのような把握が難しいからである。

　しかし，サービスなのかどうかという境界領域に存在する対象に対し
ては，限定することである程度把握しやすくもなるが，一方で切り捨て
てしまった要素についてはサービス定義から外されてしまう面があるこ
とに留意すべきである。主体を人間に限定する定義に対しては，実際の
場面ではなにがしかの人間的関与が大きいことは確かであるが，主体は
必ずしも人間のみにとどまらないと考えられる点が弱点となろう。

4　効用による把握

　Enis et al.（1981）は，消費者が購買するのはベネフィットであるとし，
モノとサービスとの結合されたベネフィットに言及している（pp.1-4）。
これは有形・無形の財の組み合わせから生じるベネフィットによってコ

ア商品が分類され，そのコアの周囲に段階的に差別化要素，付加的効用のマーケティング・ミックス，その他の効用といった形で，当該ブランドが持つトータルのベネフィットが決まるという考え方である。

　ここでは有形の要素と無形の要素とを組み合わせて得られる効用について新しい知見が提示されたわけであるが，それによって逆説的にサービスがなんであるかがぼやけてしまいかねない危険性をはらんでいる。とはいうものの本質的には「ニーズを満たすベネフィット」による「効用」が，視点の軸になりうる可能性は見出せよう。

　白井（2003）でも，

　　「サービスは，その顧客の欲求を満足させるためになされる無形の
　　活動」（p.25）

と定義づけており，これも同様の方向性といえる。

5　サービス研究のまとめ

　サービスはモノと対比される存在として，まずはその特性を把握することに研究の軸足が置かれてきたが，一方でサービスの本質そのものを把握する試みとして，活動・機能やプロセスといった視点が導入され，その範囲は広がった。しかし一方で，やがて広がった範囲を狭める方向の定義もなされるようになり，結局はマーケティングの根幹である「ニーズや欲求を満たす」という視点に立ちかえる考え方が生じている。そしてマーケティング研究における関係性パラダイムの出現とともに，サービスにおいても関係性についての知見が無視できなくなっているということもつけ加えられよう。

　こうした研究の蓄積によって，サービスの定義や特性，それに応じた

戦略構築のためのさまざまな手法が見出されてきている。だが，このような見地からのサービス研究では，サービスをモノが軸のマーケティングに付随する存在としてとらえたり，または対立する存在として考えられたりしている面がある。その結果として，消費者側の視点からの考察が薄れてきているようにも感じられる。

　そして，多くの研究者がさまざまにサービスを定義し，その結果，定義に関する統一的な見解が存在しないようにみえる。しかし，それぞれの定義を仔細に観察すれば，各研究者がほぼ共通して抱いている認識が浮かび上がる。つまり，その共通認識は，「サービスは顧客ニーズに対応した活動を含むプロセス」であり，「無形性」と「顧客との相互作用」という基本的な性質により特徴づけられるということである。

　そこで視点を少し変化させ，Enis et al.（1981）に準じ，ニーズや欲求に対していかに応えていくかという観点から考察を加えてみよう。

第3節　消費者ニーズの時間軸における変化への対応

1　変化する消費者のニーズや欲求

　消費者がなぜ財を購入するかといえば，なんらかのニーズを満たしたいからである。こうしたニーズを満たすために，さまざまなベネフィットを持つ色々な製品が開発され，市場に提供されてきた。そして，多様性に対応する形で，製品も差別化するという流れを経てきた。

　ところが，当たり前のことではあるが，こうした製品の差別化によっても，消費者のニーズに完璧に応えることは不可能である。新しい別の製品が出ることで，当該製品が陳腐化してしまったり，消費者自身の嗜好や置かれている内外の環境が変化して，当該製品ではニーズを満たせなくなったりすることがあるからである。

　こうした消費者の「変化」を，ある時点時点で輪切りにした「点」もしくは「面」としてとらえるのではなく，そうした変化そのものを継続して把握することで，プロセスとして消費者に応えていくという方向性も生じてくる。これを「サービス」としてとらえる考え方が，消費者の時間軸変化への対応による把握となる。

　そもそもなぜこうした変化が生じるかといえば，自然界に存在するモノの多くは，そのままでは利用しにくいことがしばしばで，より利用しやすいように変質させた方が，複数のニーズを満たすことができるようになる，つまり製品側から眺めた場合に，満たしうるニーズの束が大きくなるからである。

　また，あるベネフィットが得られたことで，また他の別のニーズや欲求が生じることもある。例えば，自動車を手に入れて移動しやすくなったために，旅行という他要素も合わせた新しいニーズや欲求が生じる。

　もちろん，当該カテゴリーにおける新製品の登場による，当該製品の陳腐化といった事態も生じうる。

2　自動車の事例にみる消費者の変化

　こうした消費者の変化に対して，ある一時点における「自動車がやがて満たしうる，購買した顧客のニーズ」に焦点を当てると，「モノ」と

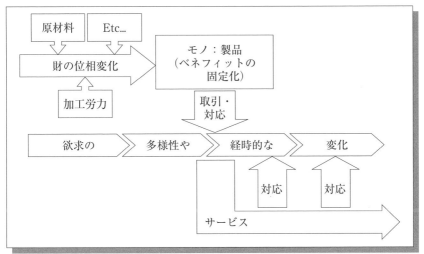

図表4-1 財の変化とサービス

出典：著者作成。

しての自動車の存在感は際立つことになる。一方で，「自動車が満たす
ニーズがあるとしたら，それをどのように満たせるか」に焦点を当てた
場合に，「サービス」として（実際には「サービス提供ができる財」と
して）の自動車の存在感は際立つことになる（図表4-1）。

　消費者の「移動」というニーズに対して自動車という乗り物が存在す
るが，自動車が発明された当初は一部の富裕層のみが利用可能であった。
ほとんどの人々は，手間や時間のかかる他の手段を利用して移動してい
た。やがて有名なフォードT型が開発され，自動車は一気に大衆化への
道を歩みはじめたが，フォードがその後GMに抜かれてしまうのは，市
場セグメントごとの対応のきめ細やかさが単一性に勝ったためである。
「移動したい」というニーズに応えるためにはT型で十分だったが，市
場が細分化されるにつれ，新たなベネフィットがそこに付加されたとい

うことである。

　ここで重要なことは，現代の自動車メーカーにおいても，こうした需要創造の努力は常に続けられているということである。その結果，自動車という製品が多くの「ニーズの束」を満たしうる存在となっている，すなわち自動車メーカーは「移動を含む多様なニーズの束を満たしうる価値」を創造している存在とみなすことができるわけである。そしてそのニーズもそれに応えうるベネフィットも，時間軸で変化している。

　さて，こうして完成した自動車という製品は，あるものは自分で運転して移動することが多いドライバーに，またあるものは財貨の取引を通じて他者を輸送するためにタクシー会社に，またあるものは所有することなく必要な時に借りたいというニーズを持つ消費者を抱えるレンタカー会社に，それぞれの購買主体のニーズの束を満たしうる価値を与えられて販売される。場合によっては，手厚いアフターサービスによって，製品の劣化：使用プロセスにおける位相変化に対するメンテナンスをして，望ましい位相変化をさらに加えることとなる（図表4-2）。

3　サービス的な視点とサービスの定義

　このように，ニーズとベネフィットとの相互的な関係が生じる時間軸の中で，ある時点で輪切りにした視点からニーズやそれを満たしうるベネフィットに注目するとモノを軸としたマーケティング活動となり，時点での輪切りではなく継続的なプロセスで満たしうるニーズやベネフィットに注目すると，サービス的なマーケティング活動（サービス・マーケティング）となると考えられよう（図表4-3）。

　つまり，ある時点における消費者との「（メーカー／小売業者が）製

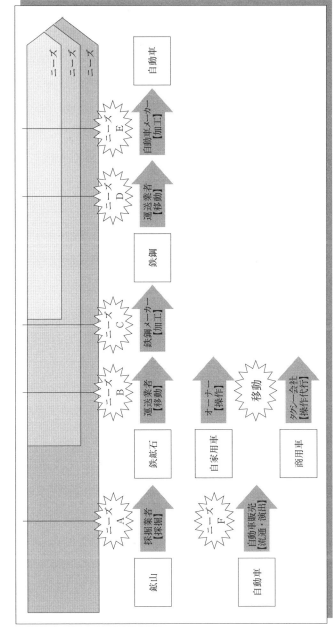

図表4-2 位相変化とニーズ

出典：著者作成。

図表4-3 モノ的なパースペクティブとサービス的なパースペクティブ

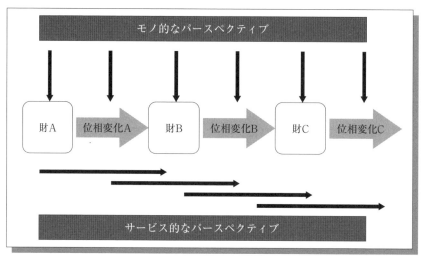

出典：徳江（2011），p.21を一部改変。

品を提供→それを（顧客が）購買」という，「製品を通じた一時的な関係」に焦点を当てるのではなく，このようにして時間軸によって消費者を意識しながら，何らかの「プロセス」の提供を時間軸に沿って行なうのが「サービス」である，ということになる。

　まとめると，以下の通りである。ある「位相変化」の「プロセス」を経た「結果」を取引した場合，われわれはこれを「モノ」と感じ，ある「位相変化」の「プロセスそのもの」を取引した場合，われわれはこれを「サービス」と感じるということである。ただし，通常はこれらの複合が消費者に提供されていることに注意が必要である。

> モノ　：　ある「プロセス」を経た「結果」を取引
> サービス：　ある「プロセスそのもの」を取引

あるプロセスを経ることによって，財は位相が変化させられる。茶を摘んで加工をすることで「製品」としてのお茶の葉ができる。そのお茶の葉を購入したうえで水を沸かしてお湯にし，そこにお茶の葉を入れることで飲みものとしてのお茶ができる。こうしたプロセスを経て，ペットボトルなどの容器に入れられた結果が「製品」として出荷される。さらにこれが流通経路を経て店頭に並ぶという位相変化のプロセスを経たのちに，われわれは購買するということになる。

これに対して，例えば喫茶店でお茶を提供される場合，お茶を淹れるプロセスや，それを楽しむプロセスそのものも提供されていると，われわれはこれをサービスであると感じる。お茶という飲料すなわちモノを提供されているのであるが，その後にそこで過ごす時間というプロセスもあることで，サービスであると感じるのである。

さらに，美容室での調髪，あるいはクリーニングのようなプロセスそのものこそは当然に「サービス」であるととらえられる。美容室でカットしたりパーマをかけたりすることによって，対象となった人は位相変化が生じるし，クリーニングというプロセスを経ることで，顧客の所有物である服も位相変化が生じるからである。

プロセスというキーワードでサービスを眺めることによって，サービスの持つさまざまな特性が明らかとなってくる。そして，そうした特性は，モノとは異なるのもまた確かである。

注

*1　ここで用いているサービスには，かつての奴隷が，ゲームがはじまる際の最初のボールを投げ入れたからであるという説がある。

*2　塹江（2003），p.29など多数。

参考文献

Baron, S. & K. Harris(1995), *Services Marketing*, MacMillan Press LTD. (澤内隆志・中丸眞治・畑崎勝・黄炳秀・坪井明彦・菊池一夫訳（2002）『サービス業のマーケティング』同友館。)

Bessom, M.(1973), "Unique Aspects of Marketing Services", *Arizona Business Bulletin*, November, 8-15.

Enis, B. N. & K. J. Roering(1981), "Services Marketing: Different Products Similar Strategy", in J. H. Donnelly & W. R. George eds., *Marketing of Services*, AMA.

Fisk, R. P.(2004), *Interactive Services Marketing, 2nd.ed.*, Houghton Mifflin Company. (小川孔輔・戸谷圭子監訳（2005）『サービス・マーケティング入門』法政大学出版局。)

Grönroos, C. (1990), *Service Management and Marketing*, Lexington Book.

Kotler,, P. (1991), *Marketing Management: An Analysis, Planning, Implementation & Control*, 7th, eds., Prentice-Hall.

Lovelock, C., & L. Wright(1999), *Principles of Service Marketing and Management*, Prentice-Hall. (小宮路雅博監訳, 高畑泰・藤井大拙訳（2002）『サービス・マーケティング原理』白桃書房。)

Rathmell, J. M.(1974), *Marketing in the Service Sector*, Winthrop Publishers Inc.

上原征彦（1999）『マーケティング戦略論』有斐閣。

亀岡秋男監修, 北陸先端科学技術大学院大学MOTコース編集委員会／サービスサイエンス・イノベーションLLP編集（2007）『サービスサイエンス』エヌ・ティー・エス。

近藤隆雄（1995）『サービス・マネジメント入門』生産性出版。

清水滋（1988）『サービスの話』日本経済新聞社。

白井義男（2003）『サービス・マーケティングとマネジメント』同友館。

田中滋監修, 野村清（1996）『サービス産業の発想と戦略―モノからサービス経済へ―（改訂版）』電通。

徳江順一郎［編著］（2011）『サービス＆ホスピタリティ・マネジメント』産業能率大学出版部。

塹江隆（2003）『ホスピタリティと観光産業』文理閣。

南方建明・堀良（1992）『サービス・マーケティング戦略の新展開』ぎょうせい。

第5章

サービスの特性と
サービス・マネジメント

5

Hospitality
Management

第1節　サービスの特性と対応

1　サービスの特性

　これまでの研究においては，一般に，モノと比較した場合のサービスの特性として，無形性，同時性，不可分性，協働の必要性，変動性といった要素が挙げられることが多い[*1]。

　しかし，こうした性質は同列に論じられるものだろうか。いずれもサービスの持つ特性であることに間違いはないが，異なる視点での整理が必要であるように感じられる。

　本書では，サービスがプロセスであるということから直接的に生じる特性をサービスの1次特性とし，その1次特性から派生的に生じる特性を2次特性とする。さらに，その2次特性から派生的に生じる特性を3次特性として考察したい。

　以下，順に説明していく。

[1-1]　無形性：形をなさない

　サービスとはプロセスであるから，形をなしえない。形があるモノを利用してサービスを提供するが，プロセスそのものは無形である。無形であるため，事前にそのサービスのもつ特徴については，消費者に分からないことも多い。

　この特性に対応するために，可視的な要素を提示したり，既に利用したことのある他の消費者の意見，すなわち口コミを利用したりする必要が生じてくる。ホテルでは，立派な建物やロビーの写真を多用しているのもこれが理由である。

[1-2]　不可分性：生産と消費が切り離せない

　プロセスである以上は，サービスは生産と消費とは切り離すことができない。ただし，一部，顧客の所有物がサービスの対象となる場合のみ（クリーニングなど），あるいはIT技術の活用により，この制限は緩和されることがある。

この［1-2］の特性は，以下の2次以下の特性に繋がっていく。

[2-1]　同時性・同所性：生産されつつ消費される

　上記［1-2］の一部を構成するともいえるが，サービスは生産と消費が同時に同じ場所でなされることになる。モノは工場で生産されたあとで，時間を経た別の機会，生産された場所とは別の場所で消費することも可能であるが，サービスでは生産すると同時にその場で顧客に消費してもらわなければならない。

　ただし，通信技術の進歩と普及やIT技術の急速な進歩によって，一部のサービスに限っては録画や録音によって時間的に切り離すことが可能となり，電波やインターネットを用いて空間的にも切り離せるようになってきている。例えばテレビ放送は空間的に離れた地点での娯楽サービスの提供を可能とし，それを利用した教育サービスも発達した。

　しかし，これが不可分性を克服したとみるのは錯覚で，時間的に切り離した場合には，やはりプロセスの結果，すなわちモノを取引している

ことになるし，それを視聴する端末であるテレビやPCの前からは離れられない点で，空間的にも著しく自由度が低下してしまうことになる。

> [2-2]　協働の必要性：主客の協働
> 　サービスをする主体（生産者）と受ける客体（消費者・消費者の所有物など）との協働関係が必要となる。

サービスを提供する側はもちろん，サービスを受ける側も積極的・能動的にサービス生産に関与する必要が生じる。的確に注文しなければいけないのはもちろん，大学の講義でも学生が積極的・能動的に聴講しなければ，サービスの提供は受けられないことになる。

なお，ここで［1-1］，［1-2］とそこから派生する［2-1］や［2-2］については，これまでサービス・マネジメントやサービス・マーケティングにおいて，多くの研究がなされてきたことはつけ加えておきたい[*2]。

そして，この二つの2次特性から，さらに派生的に生じてくる3次特性は以下である。

> [3-1]　変動性：品質・性質が変動しやすい
> 　サービスの品質や性質は，生産と消費が同時に同所でなされるために，まったく同じ品質や性質で提供することはきわめて難しい。さらに，顧客との協働が必要であるために，その顧客の対応次第でも品質や性質が変化してしまうことになる。

モノの場合でも，製品の品質はある程度変動する可能性がある。しかし，モノは不可分性が生じないために，消費される前に検査をするなどして品質面の問題を排除することが可能である。サービスの場合には，不可分性があるために，サービス消費後にしか検査は不可能である。

| 図表5-1 | | サービスの特性 |

定義	サービスの特性	
サービス ＝ プロセス	無形性	
	（生産と 消費の） 不可分性	同時性・同所性
		（品質や性質の）変動性
		（主体と客体の）協働

出典：著者作成。

　以上をまとめたものが図表5-1となる。

2　マニュアル化・パッケージ化による対応

　[3-1] についても1次特性や2次特性と同様に，「マニュアルによる品質の安定化」を目指して，多くの研究がなされてきた。その概略を以下に示す。

　これまでのサービス産業においては，品質・性質の安定化を図るべく，従業員の言動に関してこと細かに記載したマニュアルを用意し，このマニュアルを軸としてサービス組織・施設を運営する「マニュアル化」が推進されてきた。マニュアル化の出現によって，サービスは「大量生産」することが可能となり，産業化が進展したのである。

　このマニュアル化を厳密に解釈すれば，以下のようになる。

> サービスが提供されるプロセスを時間軸や行動単位で細かく切って，プロセスごとに規定すること

すなわち，マニュアル化とは「サービスのパッケージ化」，あるいは「プ

ロセスのパッケージ化」であるととらえることが可能となる。

　こうしたパッケージ化によって，異なる欲求を持つ多くの消費者に対して安定的に同質のサービス提供が可能になった。消費者もサービス提供プロセスの一部を担うため，消費者側の事情によってサービスの品質や性質の変動が生じてしまう可能性が残されたとはいえ，サービス・パッケージを固定化することによって，その変動の可能な限りの除去を図ることが実現したのである。

　また，忘れてはならないのは，パッケージ化にはこうした消費者側の視点のみならず，組織側の視点からでも大きなメリットが存在したことである。すなわち，パッケージ化によって多様性をもつ大勢の従業員が，やはり同質のサービス提供が可能になったということも見逃せない。わが国では普段あまり意識することがないが，国や地域によっては，さまざまな価値観を持った多様な文化的・宗教的背景を持つ人々によって構成されていることがある。こうした環境下では，サービス・スタッフによって対応が大きく異なる可能性があり，安定的なサービス提供が難しくなることがある。ここで，プロセスをパッケージ化することによって，言動を規定して固定化されたサービスの提供に特化することで，従業員側のサービスのムラを排除することができるようになったのである。

　しかし，単一のサービス提供のみでは消費者からは飽きられてしまう可能性も否めない。この場合には，価格の高低や時間の長短に応じたいくつかのパッケージを用意することで顧客に選択肢を提供することもできる。これは多メニュー化による対応ととらえられる。

　この考え方を図示すると図表5-2のようになる。

　まとめると，サービスにおける品質や性質の変動への対応は，以下となる。

図表5-2　　　サービスのパッケージ化と多メニュー化

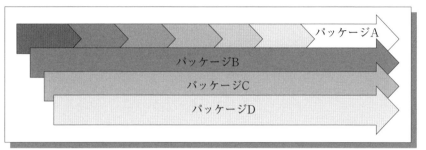

出典：徳江（2011），p.42.を一部改変。

▶サービス提供のプロセスをパッケージ化し

▶さらにプロセス・パッケージを増やすことで

▶多様性をもつ大勢の従業員による，さまざまな消費者に対しての
　安定的かつ多様なサービスの提供が可能となった

2つの品質

1　客観的品質

　こうしてサービスの持つ最大のウィーク・ポイントである品質や性質の変動性に対する対策が講じられるに至ったわけであるが，これで問題がすべて解決したわけではない。これだけの対応が取られても，消費者

側にはまだ不満が感じられる余地が残ってしまっている。

　それは，品質や性質は，実は2種類に大別できるということがポイントである*3。ここで安定化に成功したのは，あくまで「客観的品質」といわれるもののみだったということに着目しなければならない。客観的品質とはすなわち，スペックやデータなどで「定量的」に測りうる品質，あるいは皆が納得するような何らかの尺度で比較した際の品質のことを指している。

　例えば，パソコンの性能は，CPUの処理速度，あるいはメモリーやハードディスクの容量の大きさによってある程度は類推しうる。そしてその結果として，比較して順序づけることも可能である。しかし，サービスではなかなかこのような直接的な比較は困難である。だが，それでも価格をバロメーター的に用いたり，レストラン評価本や口コミサイトなどのような第三者による評価を用いたりすることによって，皆がそれなりに納得する尺度によって品質を測ることは不可能ではない。

２ 主観的品質

　前述した，サービスのパッケージ化によって安定化に成功したのは，あくまで客観的品質だけなのであって，消費者自身のさまざまな状況の変化によってサービスの品質に対する判断が変わりうるという点には注意が必要である。この消費者自身の感じた品質を，マーケティングでは知覚品質と呼ぶが，これは消費者の「主観的品質」であると考えることができる。つまり，スペックやデータなどに関係なく，あるいは他人の評価とは関係なく，実際に消費者が「感じた」品質のことである。

　モノとしての製品であれば，客観的な品質の安定化は比較的たやすい。

例えばスペックや定量的情報で仕様を規定したり，工場から製品が出荷される際に検査を実施することで，一定の品質を満たしていないものについては除外したりすることも可能である。そしてそれをブランド化して保証したりするといった方策を講じることによって，主観的品質もある程度安定化させることが可能となる。

　しかしサービスでは主観的品質の安定化は困難を伴う。サービスにおける主観的品質の不安定さは，以下の要因によって引き起こされる。

---

① 　サービス提供者の身なりやサービス提供場所の設備，あるいはその日の気候など，「周辺環境」によって顧客側の印象が変化する

② 　サービス提供側と顧客側の「協働作業の円滑さ」の度合いによって，サービス提供プロセスの構築力が変化する

③ 　サービス提供側と顧客側の「関係」でサービスの印象が変化してしまう。すなわち両者の「関係の良し悪し」が，サービスの評価に大きく影響する

　さらには，混雑時と閑散時の違いによる対応力の相違や，厳密には同じプロセスの再現は困難であるといった理由によって，顧客側の印象はどうしても異ならざるをえない。

　いくら客観的品質を安定化させたとしても，消費者の主観的品質が不安定なままであれば，品質が安定化したことにはならない。この点について解決ができなければ，サービスの持つ特性に対応したとはいえないのである（図表5-3）。

　結果的には，この主観的品質にアプローチできなければ，たとえ客観的品質が安定化しようとも，なんら意味をなさなくなってしまうことに注意が必要である。モノとは異なり，いかにサービス提供場所の雰囲気

図表5-3　　　　　　　　　　　客観的品質と主観的品質

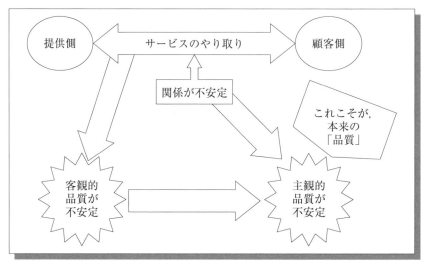

出典：著者作成。

を良くしたとしても，顧客側も協働作業がきちんとできるかといった問題点も残るし，さらにサービスの提供時にはサービス・スタッフとの接点が生じるために，そのスタッフとの関係にこそ注意する必要性も生じてくることになる。加えて，主観的品質こそが本来的な品質なのであって，「客観的品質の安定化」が真の目的ではない点にも注意が必要である。

サービス・デリバリー・システムの検討

1 サービス・マネジメントにおけるサービス・デリバリー・システム

　このような顧客とサービス・スタッフとの接点に関して検討するために，サービスを分析する際の古典ともいえる，「サービス・マネジメント」のフレームワークに則って考察しよう。

　飯嶋（2001）によれば，サービス産業における経営上の諸問題に対しては，「サービス・マネジメント」というアプローチによって考察することが可能であるという。また，このサービス・マネジメントは，サービスそのものの生産や提供に関する「サービス・デリバリー・システム」と，経営理念や組織文化，組織構造などの経営と組織に関する要素である「マネジメント上のインフラストラクチャー」とに分けることができる（図表5-4）。

　サービスの生産や提供，消費に関するシステム全体は，「サービス・デリバリー・システム」と呼び，組織側と顧客側との双方から眺めることができるとされている。なお，「マネジメント上のインフラストラクチャー」は，サービス以外にも共通する要素である。メーカーなどでも同様のフレームワークが適用される。そのため，本書では扱わない。

　このサービス・デリバリー・システムには，顧客側からみれば，というよりも，顧客側からは視界に入らない要素も存在している。すなわち，サービス・デリバリー・システムを俯瞰すると，以下の構成となる。

図表5-4 サービス・マネジメント体系

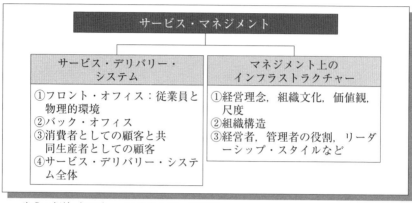

出典：飯嶋（2001），p.14.をもとに一部改変。

(a) 顧客の常時視界に入る部分である「フロント・オフィス」

(b) 顧客の視界に入ることがないかまたは少なく，顧客と直接的な接触をもたない「バック・オフィス」

(c) 消費者としての顧客と，サービスの共同生産者としての顧客

(d) システム全体

この視点のポイントは，サービス提供にかかわる要素を，顧客の視界に入る要素とそうでない要素と分けてとらえている点と，顧客に関する要素も分けてとらえている点である。

このうち，組織側に関してはある程度コントロールできるが，フロント・オフィス従業員の負担はかなり大きい。それは，彼らは顧客と直接接触しつつ，相互行為に基づいて実際にサービスを生産しつつ提供しなければならないからである。つまり，フロント・オフィスの従業員は，

> ▶マーケティング活動を行ないつつ
> ▶サービスの生産活動（＋提供活動）も行なっている

ととらえられる。

　そして，組織側からみれば，顧客はもちろん消費者としての側面もあるわけだが，一方で，他の顧客にとっては，サービス提供プロセスの一部を構成する，いわば「物理的環境」としての存在感も否定できない。ある顧客の存在によって，その組織のサービス品質が推定されてしまうことがあるのはこの一例といえる。

　さらに，顧客側もかなりの割合で，サービス提供プロセスには介入せざるをえない。モノの生産や消費のプロセスにおいては，消費者が何らかの役割を果たす必要性が生じることはほとんどない。工場における製品の生産に対して消費者が必要とされるなどということはないし，販売に関しても，消費者が果たすべき役割は受動的なものであり，かつ限定的なものである。

　これに対して，サービス提供プロセスにおける顧客は，何らかの主体的かつ能動的な役割を果たすことが求められることになる。

　ここで，サービス・デリバリーに関して顧客が果たすべき役割をまとめると，以下の通りである[*4]。

① 顧客は，生産，提供されるサービスの仕様を決定する。
② 顧客は，例えば銀行のキャッシュ・ディスペンサーで行員に代わり入金，出金行為を行なうなど，組織の生産，提供活動を肩代わりしている。
③ サービスの生産，提供と消費は，一体化している。そのため，組織

は，顧客の眼前で生産，提供活動をしばしば行なうことになる。これにより，組織は，ミスや手抜きができにくくなる。この結果，顧客は，それらの活動に対して，監督者の機能を果たすことになる。

④　顧客が感謝の気持ちを従業員に表明することにより，従業員のモラールを高め，やる気を起こさせる。これは，人事担当者や監督者などの仕事を顧客が代替していることを意味する。

⑤　顧客は，自分が体験し，消費したサービスの善し悪しを，口コミによって，他者に伝達する。つまり，組織のマーケティング機能の一部を担っている。

　サービス提供にまつわる業務において，これだけ多くの役割を顧客が果たしているのである。このように並べると，モノとしての製品の製造，販売と比較して，サービスの生産や提供に際しては，従業員側，顧客側，ともに大きな負担が強いられざるをえない状況となってしまっていることがよく分かるだろう。

2　相克的相互依存関係

　こうしたことから，サービス提供プロセスにおいては組織側，従業員側，顧客側のそれぞれの間に，相克的相互依存関係ともいうべきものが生じることになる。お互いにお互いの存在を必要とし，かつ依存的な関係が築かれているにもかかわらず，それぞれの関係には対立的な要素も多々含まれざるをえないということである（図表5-5）。

　この三つの関係それぞれについて，サービス提供プロセスにおいて対立が生じることになる。組織とフロント・オフィスの従業員との間においては，「効率」と「裁量」の対立が生じる。組織側はより効率の良い

図表5-5 サービス提供プロセスにおける相克的相互依存関係

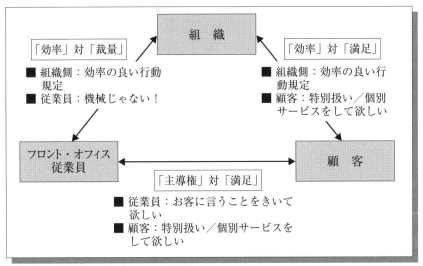

出典：飯嶋（2001），p.72.を一部改変。

行動規定を作りたがる一方，従業員側は機械的に扱われることに対する抵抗感が生じたりする。そして，組織と顧客との間では，組織側はやはり効率の良い行動規定を設けたうえで，それに従った顧客のサービス参加を求める一方，顧客側は当然，特別扱いや個別的な対応を求めたくなる。さらに，フロント・オフィスの従業員と顧客との間では，従業員が顧客に対して指示に従って欲しいと考える一方で，顧客はやはり特別扱いや個別的な対応を求めることになる。

　この現実に直面すると，主観的な品質の安定化はもちろん，客観的な品質の安定化も，やはり困難が生じざるをえないことが予想できよう。

3 サービス・デリバリー・システムの構成

　このように，サービス提供にともなう諸々の要素については，モノと
は異なる特徴が抽出される。そのため，その整理には特別なツールが必
要とされることになり，それがサービス・デリバリー・システムという
ことになる。図に表現すると，図表5-6のようになる。

　実はこのサービス・デリバリー・システムにおいては，「周辺環境」
や「協働作業の円滑さ」については，ある程度コントロール可能である。
その結果として，客観的品質の安定化やその品質向上などについてはほ
ぼ実現することが可能となっている。

　ただし，その際に，主観的品質も考慮に入れるとなると，フロント・
オフィスの従業員は，さらに顧客との関係性のマネジメントも重要なポ

図表5-6　　　　　　　**サービス・デリバリー・システム**

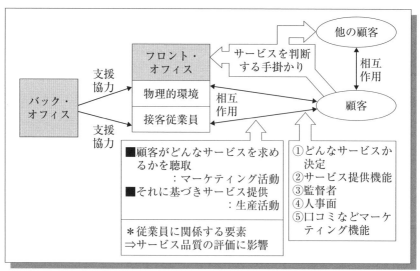

出典：徳江（2011）を一部改変。

イントとなってくるのである。すなわち，問題は「関係の良し悪し」であり，ここをどう制御するかが課題となってくる。そして，そこで出てくるキーワードが「関係性」ということになるのである。

　関係性を軸としてホスピタリティを考察することによって，ホスピタリティ・マネジメントがそれを解決するための理論として体系化を目指すことが可能となる。次章以降では，この点について掘り下げていく。

注

*1　近藤（1995）では，①無形性，②生産と消費の同時性，③顧客との共同生産，の三つが「基本的特徴」であるとされている。
　　また，田中・野村（1996），においては，本質的特性として①時間・空間の特定性，②非自存性，を挙げたうえで，基本特性として①非貯蔵性，②無形性，③一過性，④不可逆性，⑤認識の困難性，を挙げている。
*2　代表的なものに浅井（2000），飯嶋（2001），鄭（2011）などが挙げられる。
*3　徳江（2011），p.42。以下，「品質や性質」をまとめて「品質」の一語で代用することがある。
*4　Norman（1991），をもとにして飯嶋（2001），がまとめたものを挙げた（p.12）。

参考文献

Norman, R. (1991), *Service Management*, John Wiley & Sons.
浅井慶三郎（2000）『サービスとマーケティング（増補版）』同文舘出版。
飯嶋好彦（2001）『サービス・マネジメント研究』文眞堂。
上原征彦（1999）『マーケティング戦略論』有斐閣。
亀岡秋男監修・北陸先端科学技術大学院大学MOTコース編集委員会／サービスサイエンス・イノベーションLLP編集（2007）『サービスサイエンス』エヌ・ティー・エス。
近藤隆雄（1995）『サービス・マネジメント入門』生産性出版。
田中滋監修・野村清（1996）『サービス産業の発想と戦略―モノからサービス経済へ―（改訂版）』電通。
鄭森豪（2011）『現代サービス・マネジメント』同文舘出版。

徳江順一郎（2010）「ホスピタリティ・マネジメントにおけるトライアド構造」，『観光・余暇関係諸学会共同大会学術論文集』第2号，観光・余暇関係諸学会共同大会学術論文集編集委員会。

徳江順一郎［編著］（2011）『サービス＆ホスピタリティ・マネジメント』産業能率大学出版部。

第6章

ホスピタリティへの
アプローチ

6

Hospitality
Management

第1節 関係性マネジメントに向けたサービス提供プロセス

1 サービス・パッケージに残された課題

　第5章でみたように，サービスをパッケージ化し，そのパッケージを複数用意することで顧客が持つ多様な欲求に対応するという考え方は，それ自体としては有用な方向性である。しかし，サービス・マネジメント論によって検討されたさまざまな対応によっても，サービスの持つ特性を解決しきれてはいない。整理すると以下のとおりである[1]。

①　多数の顧客には一定以上の満足を提供可能であるが，品質や性質が不安定であるということや無形性から，サービス提供前には品質や性質の予測が困難であり，不満を感じる顧客も無視できないボリュームで生じざるをえない。
　　⇒**◆事前の問題◆**
②　「協働の必要性」（第5章を参照）から，サービスの生産や提供に顧客側にも参加してもらわざるをえず，顧客側の対応力も人によって異なるために，客観的品質や性質の変動性は除去しえない。
　　⇒**◆事中の問題◆客観的品質／性質の変動性**
③　モノであれば製品の出荷時に品質検査をすることも可能であるが，サービスの場合には「生産と消費の同時性」（第5章を参照）によって，品質検査が事実上困難である。
　　⇒**◆事後の問題◆客観的品質／性質の変動性**

　さらに，主観的品質や性質に大きな影響を及ぼす「関係性」を考慮に入れると，次の点も重要な問題点として提示しうる。

> ④　サービス提供側と顧客との人間的な関係によって，サービスそのものに対する印象が左右されやすく，②や③ともあいまって，主観的品質や性質は依然として変動しやすい。
> 　⇒**◆関係の問題◆主観的品質／性質の変動性**

　こうした問題点は，モノとしての製品の購買や消費にベネフィットの中心が存在する場合にはあまり不満として顕在化しない。製品の品質の多くは一定であり，品質に問題が生じたとしても，出荷検査で除外することもできる。さらに多少の品質変動が生じても，事前の判断で納得できるレベルであれば，顧客に不満は生じにくい。サービスの場合には，事前の判断が困難である点も問題を複雑にしている。

　つまり，サービスの消費に際しては，事前に品質や性質の判断がしにくいにも関わらず，購買の意思決定をしなければならないケースが存在する，ということである。顧客はどのような満足が得られるか分からないという環境で，サービスを享受する意思決定をしなければならない。

　実は，このうち①に関しては，前章で検討した通り，可視的な要素を提示したり，既に利用したことのある他の消費者の意見，すなわち口コミを利用したりすることによって解決しうる方向性が提示されている。モノにおいても，探索財ではそれほど問題とならない場合が多いが，経験財や信頼財の場合には，このことが問題となる。サービスも多くは経験財や信頼財であるため，同様な問題が指摘され，解決策が模索されてきたという経緯がある。

　ここで，探索財とは，購買前に購買対象を色々と調べて比較したりす

ることができる財，経験財とは，実際に購買したり使用したりしてみないと価値判断が困難な財，信頼財とは，購買したり使用したりしても品質や価値の判断が難しい財をいう。カテゴリーで示す場合には，それぞれ探索属性，経験属性，信頼属性という。

また，②に対しても，顧客側に必要とされるプロセスまでもパッケージ化することで，安定化を図ることが可能である。従業員のみならず顧客も機械的に扱うことに否定的な意見もあるが，品質や性質の安定化が図れるのは間違いない。

一方で③と④については，これまでのサービス・マーケティングやサービス・マネジメントにおいては対応が困難であった。品質検査をしようにも，生産と消費とが同時であるために，事後的，つまりサービス提供後／消費後でしか品質検査ができないためである。サービス企業の中には，厳格なマニュアルの遵守を従業員に強いる企業もあるが，品質検査が不可能である以上は仕方のないことなのかもしれない。

ただし，④に対しては，マーケティング論の先行研究において多くの知見が得られている。むしろ，マーケティング論においては，こうした関係性に関する研究が主軸を成すようになっていた。すなわち，研究の軸が「刺激−反応パラダイム」から「交換パラダイム」を経て，近年では「関係性パラダイム」に移行したという説もある。

そこで，サービス・マーケティングの研究成果を軸に，サービス提供プロセスのマネジメントを検討したい。その背景として，現実の場面では，マニュアルによる「固定的サービス」ではなく，その場その場で状況に応じて対応を変化させる「応用的サービス」を提供することで，主観的品質に直接的に訴えかける解決策が取られるようになってきていることが挙げられる。

以下では，どのような理論的背景を持っているのか考察していく[*2]。

2　固定的サービスと応用的サービス

　サービスがプロセスである以上，本来的には事前にプロセスを固定化させておきさえすればいいはずである。つまり，消費者のニーズや欲求に合ったサービスのラインナップを構築しておいて，顧客は適宜そこから自分に合ったものを選択すれば問題ないということになる。

　しかし，さまざまな理由によってサービス・パッケージによる対応だけでは困難であることが見えてきた。この背景には，消費者のニーズやそれが具現化した欲求は時々刻々と変化していること，また，なんらかのニーズが満たされることで，新たに生じるニーズや欲求が存在することが理由としては挙げられるだろう。そこで，サービスが提供される現場での応用的なサービスによる対応が志向されることになる。

　上原（1999）において，サービスの提供には2種類の方向性が存在することが提示されている。

> ▶条件固定型サービス：あらかじめルールを設定しておいて，それによって，協働関係を事前に特定化しておくような関係
> ▶条件適応型サービス：ルールを設定せずに，その時々によって互いに共通意図を見出し，これに基づいて多様かつ非定型的な協働関係を作り出し，かつ，これを調整・維持する関係

　一つがあらかじめルールを設定し，協働関係を特定化しておくような条件固定的関係における「条件固定型サービス」で，もう一つがルールを設定せずに，互いの共通意図に基づいて多様かつ非定型的な協働関係

により調整・維持を図る条件適応的関係における「条件適応型サービス」である（pp.273-279）。それぞれ，これまで述べてきた内容でいうならば，固定的サービスと応用的サービスに該当する。

　ここでは，それぞれのサービス提供の前提となる関係を置いている。すなわち，それぞれが協働関係の広がりとその持続性に関する決定において，以下の二つの提供側と顧客側の関係性と密接な関係を持っている。

　▶クラブ型　　：限定された特定の買い手とのみ長期にわたる関係を築く
　▶オープン型：不特定多数の買い手と一過的な関係を築く

　ここで，これらの二つの軸を用いて戦略展開のための基本フレームを類型化すると，図表6-1のようになる。

　ホスピタリティといわれるのは基本的に条件適応型になることは自明であろう。つまり，「マニュアルにない」サービスをいかに提供できるかがポイントになるということである。実際，一般のイメージにおいても，マニュアル化された固定的サービスに対してはホスピタリティからの連想は生じにくい（第1章を参照）。

　そうなると，図表6-1における右側半分が該当することになる。ここで，特定の顧客に対応する際（クラブ型）には，個別性の高い緻密な対応や顧客数の増加をどうするかが問題となってくる。不特定多数の顧客を対象とする場合（オープン型）には，個別的対応の可否が問題となる。

　上原（1999）では，クラブ型で特定の顧客層のみを対象とすれば，条件適応型サービスの提供がしやすくなる一方，幅広いセグメントを対象とするためには，条件固定型サービスへの志向が高くなることが示唆されている。すなわち，図表6-1における右上と左下が主軸になる。そして，逆に左上と右下の象限への展開が，戦略的な可能性を広げるとされる。

図表6-1　サービスにおける戦略展開の４類型

	クラブ		
条件固定	「条件固定・クラブ」型サービス	「条件適応・クラブ」型サービス	条件適応
	大学，会員制ゴルフ場，会員制ジム	会員制バー，家庭教師，主治医	
	・ステイタス・イメージをどう高めるか ・供給者が増えた時どう対処するか	・個別対応への緻密な対処をどう展開するか ・効率的に顧客をどこまで増加させるか	
	「条件固定・オープン」型サービス	「条件適応・オープン」型サービス	
	映画館，レジャーランド，ビジネスホテル，FF，FR，	病院，理美容院，専門店サービス	
	・差別化戦略をどう展開するか ・価格競争と顧客の獲得をどう展開するか	・個別対応をどう効率化するか ・需要の拡大にどう対処するか	
	オープン		

＊矢印は通常の方向性を表わす。
出典：上原（1999），p.277を一部改変。

事実，ホスピタリティで評価されている企業の多くは，この右下の対応で成功し，成長を遂げたケースが多い。しかし，幅広い顧客を対象としてサービスを提供しつつ，応用的なサービスの提供を実現するのは困難が予想され，事業展開にはリスクがともなう。

サービスは，変動性（品質や性質の不安定性）があるうえ，無形性により購買前には判断しにくい。ということは不確実性の高い取引が求められるということでもある。そのうえ，注文されたとおりに提供する取引であれば確実な取引に近づくが，応用的サービスを軸としたサービスの提供は，取引に際しての不確実性が高くならざるをえない。

この解決策を，料飲サービスの事例を通じて模索する。

第2節 料飲サービスにおける関係性マネジメント*3

1 料飲サービス施設の特性

マニュアルを大々的に導入することで，ファーストフードやファミリー・レストランはチェーン化に成功し，料飲サービスは産業化した。どのようなお客様に対しても，かつどのようなスタッフでも，同じ品質や性質のサービスを提供することが実現したのである。日々，刻々と変わる市場の欲求に応えるべくマーケティング・リサーチを緻密に実施し，頻繁にメニューを入れ替え，誰にでもできるサービス提供プロセスを構築して多くの顧客を獲得するに至っている。

一方で，こうした産業化とは異なる方向性で成功を収めた施設も存在する。いわゆる「口コミサイト」などで上位にランクされるお店の多くはチェーン店ではなく，単独またはせいぜい2店舗程度で運営されていることがほとんどである。

このように，料飲サービス事業とは不思議なビジネスである。必ずしも大規模にチェーン化している企業ばかり一般に評価されるわけではなく，たとえ一軒しか経営していないという場合でも，世間的なプレゼンスは極めて高いというケースも存在する。事実，ミシュランで上位に評価された店の多くは，チェーン化されたものではなく，個店経営である。

そして，特にわが国の料飲サービスにおいて特徴的なのは，カウンターが他国とは異なる存在感を持っていることである。他国でのカウンタ

ーとは，気軽な飲食を行なうためのスペースであるにすぎないことが多いが，わが国の特に和食系統の店舗においては，カウンターこそがメインであり，客単価1万円やそれ以上の店も珍しくない。

　実はカウンターとは，料理人と顧客とが直接やり取りをしながらサービスのデリバリーが行なわれる場でもある。わが国では，こうしたことを踏まえて，カウンターというスペースの持つ強みを最大限に活かしたものと考えられる。そこで，和食におけるサービス・エンカウンター（サービス提供場面）の状況について考察する。

2　事例検討1：寿司店の事例[*4]

　寿司店においては，カウンターこそがメインであるとしばしば指摘される。カウンターの席があいていないと，せっかくお店に顔を出しても帰ってしまう人さえいたりするくらいである。

　寿司というビジネスは，アカの他人が素手で握ったものを，お客様がまた素手で食べる，という非常に特殊な状況が展開されている。ここで，カウンターという目の前のスペースで調理することによって，「間違いのないものを作っている」という保障にもなっていると考えられる。

　しかし，寿司店における重要なポイントは，カウンターの存在がこうした安心を保障する面にあるのではない。寿司店の顧客には，寿司という媒介を通じた，カウンターの向こうとこちらとのコミュニケーションを求めに来ている顧客も多いのである。

　そして，コミュニケーションの前提として，店側と顧客側という厳然とした「線」が存在することで，程よい「間」や「距離」を保ちつつ接客することが可能となっている。つまり，カウンターという境界線を基

準とした関係性マネジメントがなされている，ということである。

　特に「値札」が存在しない寿司店の場合には，この関係性マネジメントはきわめて重要である。なぜならば，価格が適正なのかも分からず，本当に「大間のマグロ」を出されているかも分からないような状況では，取引の確実性を保障することは困難となるためである。このことから，必然的に店側はもちろん，顧客側もお互いに「信頼」する関係の構築に向かわざるをえないことになる。実際に，そのような関係性マネジメントがなされるためか，こういうタイプの店では，ほとんどの顧客は2～3回の来店で，ほぼ皆がいわゆる「常連モード」になるという。

　そして，カウンター自体に目を向けてみると，実はこれはカウンターに座るすべての顧客が「相席」となっていることも忘れてはならない。そのために，カウンターに座った顧客同士にコミュニケーションが生じることもある。老若男女さまざまな人たちが，社会的地位や人生経験の違いを超えて同じ卓をともにしているのである。

　すなわち，寿司という「空腹を満たしてくれるモノ」に対する生理的ニーズも存在するが，それ以外に「店との，あるいは店を軸としたコミュニケーション」という社会的ニーズにも対応していることになる。

　なお，マーケティングにおけるニーズには，生命維持のために必要とされるものに対する「生理的ニーズ」，他人との関係といった「社会的ニーズ」，そして知識欲や自己実現などに対する「個人的ニーズ」などに分けられる。料飲サービス施設も，「空腹を満たす」という「生理的ニーズ」だけを満たしているとは限らないのである。

　さらに，一人の顧客と二人組の顧客，さらには三人以上のグループに対してといった形で，量を加減したり調理法を変更したりすることもカウンターは自在である。そして，職人がすすめた料理法に顧客が喜んで

くれたりした場合には，従業員側の満足も高まる。つまり，「利他性」が発動されることになる（利他性については，第9章に詳しい）。

　なお，複数の職人がいる場合には，握りの腕前の差や会話力の差，あるいは会話の内容や方向性の差といった，さまざまな相違が生じることがある。これがそのまま「サービス品質／性質の不安定性」につながってしまい，問題が生じることがある。しかし，こうした相違点についても「いいバラツキ」ととらえている事例も存在する。

　いずれにせよ，カウンターの持つ強みを最大限に活用することで，食以外の要素に対しても，関係性マネジメントを通じて新しい価値創出が図られていることが理解できよう。

3　事例検討2：和食店の事例*5

　カウンターでの関係性マネジメントによる提供側と顧客側双方の新しい価値創出は，高級店や昔からカウンターがメインの寿司屋だから特別なものなのか検証すべく，大衆的な割烹の事例も紹介する。

　大衆的な店の場合には，カウンターは顧客にとっての家庭でもなく，職場でもないもう一つのコミュニティを形成しているケースが観察される。日によって座る顧客も違い，一日として同じ状況であることはない。そのため，家庭とも職場とも異なる，日々変化の繰り返される第三のコミュニティとしての活用がみられる。

　その背後には，さまざまな意思を持った多様な顧客が，あいている席の場所の違いや，隣席の人の違いなど，その時々の状況の相違に対応して，その状況に程よく気を遣うことを楽しんでいる顧客の心理が存在する。そして，それをうまく繋げたり切り離したりすることによって，そ

れぞれの関係性をマネジメントしている店側のスタンスも重要である。

　日々変化している他の顧客との関係については，家庭や職場と比較した場合に，どうしても不安定な状況となることが指摘できよう。こうした環境において，新しい価値の創出を目指すことに対して，カウンターでの顧客同士の関係性が寄与していると考えることができるだろう。

4 事例からみる関係性マネジメント

　寿司店と和食店の事例からは，料飲サービス事業における興味深い特徴が浮き彫りになった。すなわち，チェーン店の場合には，「空腹を（おいしいもので）満たす」という（生理的）ニーズが多いと考えられるのに対して，個人店の場合には，「関係も消費する」という方向性がうかがえることである。「料理された食事」という「結果」に焦点を当てて事業展開するのであれば，モノの要素が占める割合が高くなるため，「プロセスのパッケージ化」もたやすくできることが想定される。一方，「食事の時間」という「プロセス」に焦点を当てて事業展開するのならば，そのプロセスそのものをパッケージ化するのは困難となる。プロセスの楽しみ方は人それぞれだからである。

　回転寿司では，目の前を流れるお皿に載っている好きなお寿司を選べる。値段も，皿の色や種類によって一目で分かるか，または均一である。チェーン展開をしていれば，それぞれのお店でお寿司の品質はそう変わることもない。そのため，顧客は安心して寿司を食べられる。

　これに対して，値札がないような高級寿司店の場合には，そもそもメニューさえ置いていないことが多い。お任せで頼んでしまうと，あとは出てくるお寿司を食べていくしかなくなるし，値段もいくらなのか事前

には分からないこともある。すなわち，不確実性の高い取引となり，顧客は必ずしも安心できるとは限らないという状況であるともいえる。

　この両者の寿司店には，10倍近い価格差があったりもする。その価格差は，必ずしも魚の品質やお寿司の品質によるものではない。その証拠に，近年，正月の「初競り」で最高額のマグロを競り落とすのは，有名な比較的低価格のチェーン店であることがほとんどである。

　もちろん，それなりに品質の違いがあるのは確かであるが，それ以上に，店側との「関係性」に顧客は支払っているとも考えられる。事実，そういった店に行ったということや，常連であることを自慢する人もいる。あるいは，その店での会話やお任せでの寿司のやり取りこそを楽しみにしている人もいる。そして，だからこそ不確実性が高く安心できない取引でも成立しているのであると考えられる。

　いずれも，店と顧客との関係性という視点がポイントになっていることが理解できよう。このアプローチで考えることで，これまでとは異なるホスピタリティの把握が可能になる。

第3節　応用的サービス提供とリスク

　客観的品質や性質を安定化させたとしても，主観的品質や性質の安定化には限界がある。そこで，不安定さを逆に利用できないかという方向性が志向されることになる。つまり，サービス提供場面における関係性をマネジメントして，「良好な」関係を構築する。そして，応用的サービスの提供を軸として関係性をマネジメントし，主観的品質を直接的に

向上させるということが模索されよう。

　なぜならば，主観的品質が不安定ということは，サービス提供側と客側との関係次第で，サービスそのものが大きく変化・変質するからである。多くのサービス提供場面では，サービス提供側と客側との協働作業が必要で，そこに人間的な接点が生じる以上は，関係の良し悪しもサービスの評価に影響してしまう。つまり，関係が良好ならサービス品質が高いと客側が感じる可能性は高くなり，関係が悪化したとたん，完璧にサービスのプロセスを全うしても，その時点で享受したサービスの品質が低いと感じられる状態に，一気に変化しうるのである。特に，接点が長ければ長いほど，そのように変化する可能性はより高くなってしまう。

　これを避け，応用的サービス提供を実現するためには，クラブ型が志向されてきた。しかし，成長のためには，幅広くオープンに顧客を対象とする必要が生じるというジレンマに陥る。

　そこで，二つのタイプのサービス提供プロセスを検討してみよう。

　前節の議論を踏まえると，固定的サービス提供のためのフローは，以下のような流れとなる。

---

① 　顧客のニーズ／欲求を把握し
② 　ニーズ／欲求に合わせたサービスのラインナップを構築し
③ 　ニーズ／欲求に合わせたデリバリー・システムを構築する

　実際に，サービス提供企業では，さまざまな方策を講じて顧客のニーズを把握し，それに合わせたサービス・ラインナップを編成している。そして，第5章で述べたようなサービス・デリバリー・システムを構築し，事業としての展開を容易にしているのである。

　そのために具体的には，以下のような方向性でマネジメントが志向さ

れることになる。

> ・サービス・パッケージの構成
>
> ・マニュアル作成
>
> ・従業員教育（行動面を統制する）

　実際に構築したサービス・パッケージを，いかに従業員に遵守させら
れるかが固定的サービス提供における鍵となることが分かるだろう。そ
のためにマニュアルが活用されることになる。

　そして，これを顧客側の流れでみると，図表6-2のようになる。

図表6-2　　　　　　　　　　　**サービス提供にかかわるプロセス**

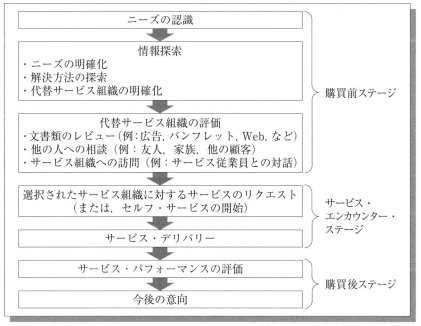

出典：Lovelock & Wright（1999），p.87.

これに対して，応用的サービス提供のためのフローは，以下のような流れとなる。

① 顧客と価値創出をめざし

② 顧客と価値創出が可能なプロセスを構築し

③ 価値創出をしつつデリバリーするシステムを構築する

顧客だけではなく従業員側にとっても何らかの価値となる活動が必要となる。そのために，価値創出がしやすく，かつそれをしつつサービス・デリバリーが行なえるようなプロセスを構築することが，応用的サービス提供の鍵となる。

そのために具体的には，以下のような方向性でマネジメントが志向されることになる。

・テーマ・価値観共有

・対応力育成（思考）

この両者を比較すると図表6-3のようになる。

すなわち，このような前提のもとでのサービス提供場面におけるホスピタリティ・マネジメントとは，固定的サービスではなく応用的サービスの提供を軸とした相対的に不確実性の高い取引において，サービス提供の主体側がいかに消費者側との関係性をマネジメントするかがポイントとなる。

しかし，このような関係には，サービス提供側も消費者側も，両者ともにリスクがともなっていることも忘れてはならない。

事業者側のリスクとしては，消費者がそのベネフィットの実現プロセ

スに積極的に関与し，自身のニーズや欲求充足のためにどの程度協働してくれるかは分からないという点が挙げられる。いかにプロセスにおける協働からも満足を得てもらおうと考えたとしても，消費者側がそれに応える気がない場合には，そこに消費者を巻き込むことは困難である。

　消費者側のリスクとしては，事前にニーズや欲求の充足プロセスが分からない場合には，確実に充足させてもらえるかどうか判断できないというリスクがある。そもそもサービスは探索財ではなく，経験財，あるいは場合によっては信頼財の性質が強いため，事前にはその「品質」や「性質」を理解しにくい面が否定できない。経験財の場合には，一度もサービスを享受すればある程度の予測はつくことになるが，信頼財の場合にはそれも困難であろう。そして，場合によっては価格さえも事前には分からないことも多い。

　そこで，サービス・エンカウンターにおけるスタッフそれぞれが，消費者に個別性の高い対応を行ない，そのニーズや欲求充足のプロセスそ

図表6-3　　　　　　　　　**固定的サービスと応用的サービス**

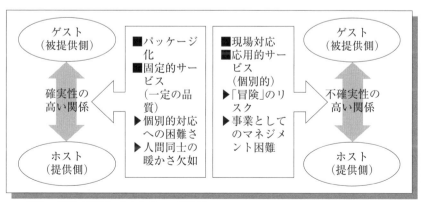

出典：徳江（2011）をもとに，一部改変。

のものを通じて関係性をマネジメントし，そこからも消費者がベネフィットを得られる方向性が志向されることになる。しかし，このような消費者対応では，そもそも事前に消費者は「何」を提供されるかも分からないような環境であるなど，やはり不確実性が高い環境であるといわざるをえない。しかし，この関係性には，こうしたさまざまなリスクの存在を補って余りあるリターンが存在する。

　それは，このようにニーズを満たすための欲求充足を共に目指すプロセスそのものの創造に価値を見出し，事前にプロセスを規定することなく消費者との関係においてそのプロセス構築を模索することは，お互いに信頼する関係であることに基づく関係性マネジメントだからである。

　そこで，以下ではこの不確実性という観点，そしてサービス提供側と消費者側との関係性について，さらに検討を加えていきたい。

第4節　関係性マネジメントという視点でのホスピタリティ

1　サービスにおける関係性マネジメント

　不確実性が高くない取引では，消費者は自身のニーズを満たすために自身の知っている欲求を叶えようと行動することになる。この際には，あくまで直接的に満たされうるニーズしか浮かび上がってこない。

　一方で，不確実性が高い環境においては，なんらかの関係を構築することで，消費者はコアベネフィットの他にも関係からのベネフィットも

図表6-4	顧客の期待に関わる要因

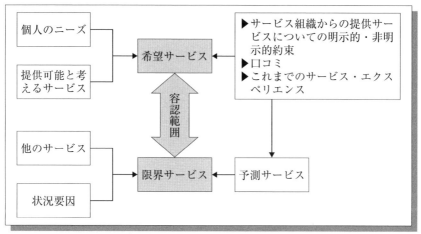

出典：Zeithaml et al.（1993）をもとに一部改変。

享受しているとも考えられる。なぜならば，事前に自身の欲求充足プロセスを決定している場合よりも，流動的に対応しつつ，サービス提供者とともに協働して欲求充足プロセスを構築する方が，より多くのニーズ，すなわち生理的ニーズのみならず社会的ニーズまでもが満たされる可能性が生じるからである。

　その結果，予測される限界サービスを超えたサービスの提供がなされることになり，顧客の期待を大きく超えるサービスとなる可能性が生じる（図表6-4）。

　サービスはその生産にさまざまな不安定要因を抱えている。すなわち，取引に際して不確実性が存在せざるをえない。しかし，関係性をマネジメントすることによって，提供側と顧客側とのコミュニケーションを通じてその不安定さが補われることになる。つまり，お互いに信頼する関係となることで，むしろ強みに転換しうるということになる。

　たとえプロセスをパッケージ化して価格をつけても，モノと異なり事前にスペックを比較したりできない以上，細分化された欲求に応えるのは困難がともなう。むしろ，お客様の欲求にとにかく応えようとしすぎると，逆に終わりなき競争に陥りかねない危険性もはらんでいる。それは，「交換」そのものに焦点が当たってしまうためである。そのため，こうしたパッケージ化がなされている場合でも，足りない要素を補っているのがサービス・エンカウンターにおける「人」のホスピタリティということになる。

　さらにサービス・エンカウンターでお互いの信頼関係を基軸として関係性をマネジメントすることによって，従業員側の満足も図れるケースがあることには留意すべきだろう。線が引かれてはいるが，同じコミュニティとしての人間関係がそこには存在し，従業員が自分のレーゾン・デートルを保ちえることからも多くのメリットが生じる。つまり，サービス・デリバリー・システム上の「相克的相互依存関係」が「相克的」でなくなる可能性が生じるのである。

　加えて，提供側にプロセスを委ねることで，顧客側の情報処理の必要性が減少することも重要である。旬の魚介を知らなくても，提供側に任せておくことで，よりおいしいものを食することができるようになる。

　一生に一度しか接しない提供者と顧客間のサービスも世の中には数多く存在するが，ホスピタリティに長けた従業員は，関係性をマネジメントして，顧客の満足につなげる。これは，その精神に「利他性」（第8章を参照）が存在することをうまく利用することでなされることになる。ただし，前にも述べたように，いくら「心が重要だ」と唱えても，それでは限界がある。このような方向ではなく，不確実性の高い取引であるという前提のもとで，心理的要因にも着目しつつ，顧客とお互いに信頼

できる関係を築けるよう，従業員を方向づけてサービス・エンカウンターにおける接点をマネジメントするのが，ホスピタリティ・マネジメントであるということになる。

　ここで一点だけ指摘しておきたい。誰もがお互いに信頼できる関係の構築は好ましいとは思うが，一方で騙されたり搾取されたりしないように気をつけようとも考えることは自然である。つまり，リスクに対して，躊躇する気持ちを持ってしまう，ということである。しかし，不確実性の高い関係が継続する場合には，相手が信頼に値するか，より正確に予測できる傾向が高くなるという傾向が，ゲーム理論によるアプローチなどから解明されている（第8章で詳しく述べる）。

　このため，巡礼者たちの時代のように，不確実性の高い状況下においては，他人を信頼できるかどうか見分ける感受性や精神的スキルがより身につきやすかったと想定できる。つまり，現代でも，こうした感受性やスキルを身につけ，とりあえず他人との接点をマネジメントできると考えうる人間が，サービス提供には向いているということになる。

　なぜならば，特に宿泊産業や料飲サービス産業は，顧客の命にも関係するビジネスだからである。

2　サービスとホスピタリティの相違

　最後に，第3章で述べたような，ホスピタリティをサービスよりも上位的にとらえているアプローチ，あるいはホスピタリティ原理主義的なアプローチとは異なる，本書の基軸となるホスピタリティのとらえ方について論じておきたい。

　ホスピタリティ上位の立場からは，サービスとホスピタリティそれぞ

れに対して，以下のような視点で眺めていることになる。

○サービス　　　　：　関係的側面　⇒　主人と奴隷という「関係」
○ホスピタリティ　：　行為的側面　⇒　「おもてなし」という行為

　しかし，これまでの議論を踏まえると，この視点は逆なのではないだろうか。

　つまり，serviceの語源については，その前提となっていた当事者間の関係ではなく，「プロセスの代行」や（奴隷が）「果たしていた役割としてのプロセス」，といった要素が，現代的解釈に強く影響を及ぼしていると考えられる。もちろん，サービスにおいては，一時的であるにせよ，上下関係や主従関係が築かれる可能性が生じることは事実であるため，そういった意味が全く含まれていないと主張するつもりは毛頭ない。だが，現代の先進国では大多数の人がサービス業に従事しており，その点からもあくまで（奴隷たちが果たしていた）プロセスの代行こそが，サービスの根幹をなす意味となるのではないだろうか。

　また，hospitalityの語源についても，現在のhotelやhospitalとの関係を踏まえ，本節の議論を振り返って考えると，休息あるいは治癒や回復に際しての「主体間の関係性」といった要素が強く影響を及ぼしていると思われる。多くの日本人がホスピタリティに持つイメージである「おもてなし」も，実はあくまで主体間の関係性マネジメントの「一ツール」として位置づけられ，むしろ関係性のマネジメントこそが主たる要素であると考えられる。

　すなわちサービスこそが「行為的側面」（または時代によっては奴隷が果たしてきた，社会における「機能的側面」）を，ホスピタリティこそが「関係的側面」を示しているとも考えられるのである。

○サービス　　　　行為的側面　⇒　プロセスの代行

　　　　　　　　　（×関係的側面　⇒　主人と奴隷という「関係」）

○ホスピタリティ　関係的側面　⇒　主体間の関係性マネジメント

　　　　　　　　　（×行為的側面　　⇒　「おもてなし」という行為）

　すなわち，現在の「サービス」とは一時的な上下・主従関係が構成さ
れることに依拠した奴隷に類する意味を持つものではなく，あくまでそ
の奴隷が果たした社会的な役割，すなわち，社会におけるプロセスの代
行という機能や，その代行という行為そのものにこそあると位置づける
ことができる。要は，プロセスを代行する場合の機能的側面や行為的側
面が，サービスという言葉に付随した現代における大きな意味となるの
ではないだろうか。そして，プロセスにおける関係的側面が，ホスピタ
リティの持つ大きな意味ともなっているのではないだろうか。

　まとめると，ホスピタリティとは，不確実性の高い環境において，関
係性をマネジメントしえた際に用いる表現であり，その関係性マネジメ
ントのプロセスを行為面や機能面から眺めた場合に，われわれはサービ
スととらえる，ということである。そして，こうした視点の違いが前提
ということは，第 3 章で触れたとおり，サービスとホスピタリティのい
ずれが上位かといった議論は，やはり見当違いといわねばならない。

注

*1　サービス・マネジメントにおいて同様に「事前」,「事中」,「事後」と分け
　　て解決策について論じられているのが鄭（2011）である。

*2　サービスと関係性についての研究は，徳江（2009a）あるいは，徳江（2009b）
　　に詳しい。

*3　一般には「飲食産業」といわれることも多いが，近年の専門研究者は，英
　　語の Food & Beverage の語順から，「料飲産業」,「料飲サービス産業」と呼

ぶことが多いので，それに従った。

*4　本事例研究については，西麻布「寿し処くに」店主の近藤邦茂氏と，寿司職人の真島秀治氏の多大なる協力のもとになしえた。この場を借りてお礼申し上げたい。

*5　本事例研究については，六本木「駄菓子屋」ならびに白金「茶懐石鮨」店主の西貫氏の多大なる協力のもとになしえた。この場を借りてお礼申し上げたい。

参考文献

Akerlof, G. A.(1970), "The Market for 'Lemons' : Qualitative Uncertainty and the Market Mechanism," *Quarterly Journal of Economics*, 84, pp.488-500.

Lovelock, C. & L. Wright(1999), *Principles of Service Marketing and Management*, Prentice-Hall.（小宮路雅博監訳, 高畑泰・藤井大拙訳（2002）『サービス・マーケティング原理』白桃書房。）

Zeithaml, V. A., L. L. Berry & A. Parasuraman(1993), "The Nature and Determinants of Customer Expectations of Services," *Journal of the Academy of Marketing Science*, 21., no.1(1993), pp.1-12.

上原征彦（1999）『マーケティング戦略論』有斐閣。

鄭森豪（2011）『現代サービス・マネジメント』同文舘出版。

徳江順一郎（2009a）「ホスピタリティ概念・再考」『観光・余暇関係諸学会共同大会学術論文集』観光・余暇関係諸学会共同大会学術論文集編集委員会, pp.111-118。

徳江順一郎（2009b）「サービスと関係性概念」『高崎経済大学論集』第52巻第3号, 高崎経済大学経済学会, pp.25-38。

徳江順一郎（2010）「関係性概念と信頼構造」『日本ホスピタリティ・マネジメント学会誌 HOSPITALITY』第17号, pp.95-102。

山岸俊男（1998）『信頼の構造』東京大学出版会。

第7章

背景理論【1】

～関係性概念～

7

Hospitality
Management

第1節　関係性研究のアウトライン[*1]

1　関係と関係性

　そもそも，関係と関係性とはなにが異なっているのだろうか。なにげなく日々用いている表現ではあるが，この両者は厳然と分けて理解する必要がある。

　われわれはもともと，誰とも「関係」はなく生まれてきた。あえていえば，家族とのみ「関係」がある状況で生まれたといえるかもしれない。

　その後，成長していくにつれて，幼稚園・保育園，小学校，中学校，高等学校，大学，大学院などを経て，仕事をするようになっていく。そしてその都度，さまざまな相手との「関係」が生じることになる。

　ここで，（家族以外の）どのような知人とも，もともとは「関係がない」状態であったという点に注目してもらいたい。「関係がない」状態から知り合うことで，「関係」が生じるのである。

　知り合ったのちに，喧嘩をすることもあるだろう。また，その後に仲直りをすることもあるだろうし，そうならないこともあろう。ここで，喧嘩をして「関係が悪化」したとしても，仲直りをすることで「関係が良好」になるという，「関係の変化」に注目して欲しい。すなわち，仲直りに向けて「関係」を修復しようと努めたりすることが，「関係性」のマネジメントということになる。

　言い換えると，われわれは他者とさまざまな「関係」を保持している

が，こうした多種多様な「関係」の変化も含めて包含し，「関係性」というのである。「関係」は悪化したり良好になったりするが，「関係性」はそう言わないのが基本である。

2 関係性研究の分類

マーケティングの分野における関係性についての研究は，1980年前後から出現しはじめている。ただし，これらは大きく二つの方向性に分けられる。一つは企業間取引，すなわち産業財を対象としたものであり，もう一つは消費者，それも主としてサービスを対象としたものであった。そして，こうした研究を下地として，やがてパラダイムとしての関係性についての研究に繋がっていくことになった（図表7-1）。

図表7-1 関係性研究の系譜

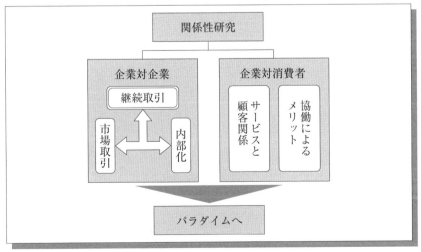

出典：著者作成。

　産業財すなわち企業と企業の取引においては，取引の都度，有利な取引条件を提示した相手と取引する市場取引と，その正反対な位置づけとなる内部（取引）化とが想定される。

　市場取引においては，もっとも安い（高い）価格を提示した売り手（買い手）との取引，すなわちその都度もっとも有利な価格での取引が可能である。しかし，取引の相手を見つけるためにかかる探索コストや，相手が信用に足るかどうか（支払いなどがきちんとなされるか），あるいは取引の対象に瑕疵がないかどうかなどを，場合によっては取引ごとに調査するためのコスト（取引コスト）がかかってしまう。

　市場取引では，こうしたコストが取引の回数分かかることになりかねない。一定の社会的規範が成立している社会においてはそれほどかからないこともあるが，多くの社会では必ずしもそうではなく，離散的取引の積み重ねはコストの増大をもたらすことにつながる。

　一方，内部（取引）化することで，探索コストや取引コストを気にする必要はなくなる。しかし，内部（取引）化は取引が固定化されることから，他組織であればさらに安く取引できたかもしれないという機会が奪われる。これを機会コストという。

　市場取引と内部（取引）化はそれぞれ，この探索コストや取引コストと機会コストとのトレードオフの関係になっている（図表7-2）。

　産業財を対象とした関係性研究はもともと，この中間に位置する形態として，ある企業と他組織とが継続的に取引をしている状況について，記述的な研究がなされたことからはじまったという。市場取引も内部（取引）化も，いずれも一長一短がある。そのため，この中間的形態として他組織との継続的取引志向が生じることになった。この形態ではコスト面以外のさまざまなメリットが生じることも判明し，広範に取り入れら

図表7-2　　　　　　　市場取引と内部取引

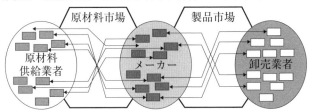

■ 市場取引：価格形成にとって有利だが取引コストがかかる

原材料市場　　　　　製品市場

原材料
供給業者　　　メーカー　　　卸売業者

■ 内部取引化：取引コストはかからないが機会コストが生じる

―A社―

原材料
供給部門　→　製造部門　→　流通部門

出典：著者作成。

図表7-3　　　　　　　　　継続的取引

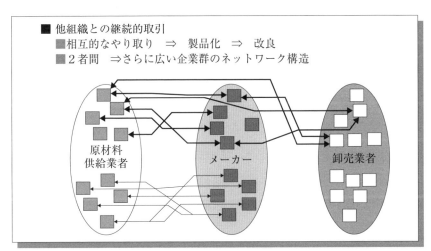

■ 他組織との継続的取引
　■相互的なやり取り　⇒　製品化　⇒　改良
　■2者間　⇒さらに広い企業群のネットワーク構造

原材料
供給業者　　　メーカー　　　卸売業者

出典：著者作成。

れるようになっていった（図表7-3）。

　また，消費者向けの取引を対象とした研究は，サービスにおける関係の意義について探るところからはじまり，その後，協働によるメリットに関する研究へと進化していくことになった。

　こうした研究の蓄積を経て，やがてパラダイムとしての関係性についての研究がなされるようになる。

第2節　関係性研究の系譜

1　産業財における関係性研究

　当初の研究においては，欧州や日本の企業における継続的な取引志向についての指摘がなされた[2]。

　Akerlof（1970）による「レモン市場」のような例[3]で，買い手が売り手の正直さについて正確な判断を行うためには，相手の意図についての情報が必要である。しかし，そういった情報が不足している場合には，不確実性の高い取引となってしまう。そして，これは取引場面のみならず，他のさまざまな「利益を失いかねない環境」における周辺環境を指すときに，「社会的不確実性」という概念になる（山岸（1998），p.14）。

　社会的不確実性が高い環境においては，当然ながら取引コストは高くならざるをえない。一方で社会的不確実性が低い環境においては，取引コストはそれほどでもない。開発途上国でタクシーに乗る際には，いち

いち金額について交渉しなければならないうえ，本当に目的地までスムーズに連れて行ってくれるか分からないこともある。まさに，社会的不確実性が高く，取引コストがかかってしまう状況であるといえる。わが国のタクシーでは，メーターが示す金額を支払えば，間違いなく目的地まで乗せて行ってくれる。つまり，社会的不確実性は高くないため，取引コストもかからないのである。

　一方で内部取引では，こうした取引コストに関しては考慮する必要がなくなるが，取引が固定化されてしまうために，他の取引先と取引をした方が有利であったかもしれないという機会コストが生じる。お抱えの運転手がいる場合には，他のもっと上手なドライバーに乗せてもらう機会が失われるといったことが該当する。

　結果としては，一部の地域を除いて，取引コストと機会コストのいずれを選択するかという葛藤に対する解決策として，他組織との独立性を前提としつつ，継続的な関係，すなわち継続取引をすることになった。これにより，取引コストの削減を実現する一方，一定の緊張感も保持することによって機会コストの低減も目指すこととなったのである。

　米国を中心とした競争的な市場環境の地域においては，企業間関係の分析にあまり関係を意識する必要がなかったかもしれない。しかし，日本を中心とするアジアや欧州では，必ずしも競争を軸とした考察のみでは説明しきれなかったことが，こうした状況の背景にある。

　以上は，IMP（International Marketing & Purchasing）グループ*4という，産業財の取引に関する国際的な研究グループによる多くの実証研究がベースになっている。このグループは，当初北欧からスタートし，その後さまざまな国の研究者たちが参加して多くの成果につながった。

　企業間取引に関する研究の延長には，販売チャネルにおける関係につ

いての研究も挙げられる。この場合には，１対１のダイアドな取引の積み重ねである販売チャネルでの，やはり取引コストと機会コストを軸とした考察につながっていった[*5]。いずれにせよ，取引コストや機会コストを軸としたアプローチにおいては，いわば「マイナスを減らす」ための関係構築であるととらえられるだろう。

2 消費財を対象とした研究

消費者が購買する財を対象とした研究では，Berry（1983）がサービスにおける顧客との関係維持の重要性について述べているのが初期のものとされる[*6]。その影響は，欧州におけるサービス研究へと続いていくことになる。

ほぼ同時に他地域でなされた研究としては，Levitt（1983）によるものが同様の方向性である。サービス化が進行している社会においては，顧客を満足させ続けることが重要であり，その基盤としての関係性の重要さについて説かれている。

このように，サービスにおける顧客関係という切り口で関係性について考察されたのが，消費者に対する関係性概念のはじまりである。ニーズを満たす製品を企画し，販売することで成り立ってきた消費者との関係であるが，ニーズを満たし続けるプロセスという性格をもつサービスでは，より一層，関係についての意識が高まってきたことがその背景にあるようだ。

Crosby et al.（1987）では，保険という信頼財における関係性の影響が述べられている。事前の品質評価の困難さといった信頼財特有の問題に対して，人的接触によって解決を図ることの意義について言及されて

いる。また，Woolf（1996）では小売店のヘビー・ユーザーが売上に占める割合の高さに着目し，彼らとの関係が有効な結果にいかに結びついていくかを論じている。この辺りまでは，企業側の操作型の意図が強く出ている方向性である。すなわち，関係性というよりは，関係強化という考え方に近いものであろう。

しかし，こうした流れの中から，企業と顧客との双方向性が生じてきた。例えば嶋口（1994）は，売り手と買い手との協働作業によって，顧客の問題解決を図る「ワークショップ型マーケティング」を提唱している。また，一方でGrönroos（2000a, 2000b）は，サービスがプロセスであるとの立場から，サービスの売り手と買い手との継続的かつ直接的な接触のために関係性が重要であると主張する。さらに，完成品としての製品を対象としていたとしても，現実にはモノはサービスと統合された形で消費者に提供されている以上，いかなる企業においても関係性がポイントとなることを強調している。

また，この流れに一石を投じたのが，McKenna（1991）による技術革新による新しい発想の提示である。技術の進歩で多品種少量生産が実現し，顧客に対する個別的対応が可能となり，その結果，製品とサービスの境界が曖昧になり，企業と顧客の関係でビジネスが成り立つようになった。こうした状況が，One to OneマーケティングやCRM（Customer Relationship Management）へとつながっていくこととなる。

One to Oneマーケティングは読んで字の如く，顧客を集団として見るのではなく，一人一人に対応していくという考え方である。Peppers et al.（1993）では，関係性の追求によって，市場シェアではなく，顧客における自社のシェア向上と顧客維持の重要性が強調されている。さらに発展して，Hanson（2000）にみられるように，顧客を個客として，一

人一人に応じた製品やサービスの提供，あるいはコミュニケーションを実現することを目指すようになった。

また，さまざまな顧客接点において逐次マーケティング上の顧客情報を取得し，その蓄積を活用することで顧客との関係を深めることを志向するCRMは，情報通信手段の発達によって大きく発展した。従前は不可能だった膨大な顧客情報を難なく蓄積し，処理することが可能となったことがその背景にある。

このように，消費者を対象とした関係性概念は，大きくは二つの系譜に分かれる。すなわち顧客との関係の強化と，協働によるメリットである。もともと顧客との関係を強化するために関係への着目がはじまって，それが協働という思考から新しい展開が生じ，一方で情報通信技術の発達によって，再び顧客との関係に対する可能性の拡大へと至っている。

3 パラダイムとしての研究

こうした大きな流れができてきた一方，それらを包含するものとして，関係性そのものを軸としてマーケティングを考察するべきではないかという方向性が生じてきた。そして，その先で，やがて取引コスト／機会コストやサービス上の要因だけでなく，そこから派生する信頼やコミットメントについても触れられるようになっていく。それぞれについて検討しよう

Heide et al.（1990）においては，関係特定的投資と不確実性との因果関係について分析し，協働行動の促進要因としての関係継続への期待について明らかにされている。

Morgan et al.（1994）は，活動の源泉として関係性をとらえている。

　　　「関係性マーケティングとは，成功的な関係を構築し，発展させ，

　　維持することを志向するあらゆるマーケティング活動を指す」

　この中では信頼が関係的コミットメントにつながるモデルが提示され

ているが，取引コストだけにとどまらず，信頼やコミットメントと協調

関係との関連で生じる企業間関係についても検討している。なお，ここ

でのコミットメントは，関係が永続することを望み，その関係を維持す

るために努力すること，としている。

　この延長として，Payne（2000），Christopher et al.（2002）らは市場

概念を拡大し，顧客の市場以外に，内部市場（従業員など），サプライ

ヤー提携市場，リクルート市場，影響市場（ステークホルダーなど），

照会市場（推薦してくれる存在）の五つの市場を提唱し，これらに対し

ても関係性を意識すべきとした。

　一方でParvatiyar et al.（2000）による関係性マーケティングの定義は

以下である。

　　　「直接顧客及び最終顧客との，相互に経済的価値を上げ，コスト

　　を削減する，協調的，共同的活動に従事する，前進的なプロセス」

　ここでは関係の対象が企業とその顧客の関係に限定されており，さら

に「協調的，共同的」関係のみが，定義に含まれる。そして，このプロ

セスについて，関係の形成，管理と統治，成果，革新というステップが

提示され，それぞれに関しての戦略オプションの展開も試みられている。

　他にも，こうした直接的な定義づけはなされていなくても，包含する

考え方の提示はいくつか見受けられる。例えば，戦略構築の軸とするも

のであり，嶋口（1994）においては，顧客を含む自社の関係者集団との

関係づくりによるシナジーについて言及されている。さらに，嶋口氏は

同時に，関係性は「刺激－反応」，「交換」と代替的なマーケティング・

マネジメント・パラダイムであると位置づけている。また，和田（1998）では，企業と関係諸集団とにおける関係性の構造について詳細な分析がなされており，そこから発生する創発的な相互作用についての知見が得られている。

また，久保田（2003）において提示された，社会的紐帯についての知見を踏まえたネットワーク・パースペクティブや，関係性の構造についての研究もなされている。特に企業と顧客とのダイアドではなく，顧客同士のダイアドを含めたさらに広いトライアド・ネットワークについての研究は，2000年代以降増えてきており，ここにも関係性についての新しい方向性がうかがえる（図表7-4）。

こうした流れの中で，余田（2000）では，関係性概念の導入は機会主義的行動の統制のみならず社会的交換概念を導入したことそのものに意義がある，という視点が示されている。これは，ホスピタリティ概念の検討にもつながっていく。そして，この方向性が，その後の情報通信技

図表7-4 **トライアド・ネットワーク**

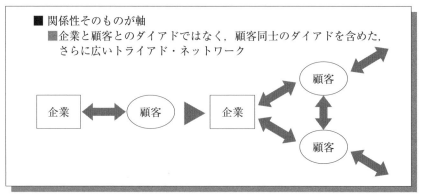

出典：著者作成。

術の発展によるデータベース・マーケティングやOne to Oneマーケティングの発展ともあいまって，関係性のパラダイム化へと進んでいくことになった。

第3節　関係性とサービス／ホスピタリティ

　こうした関係性についての研究と，サービス概念やホスピタリティ概念との関連は以下の通りである。

　そもそもサービスが「位相変化」のプロセスそのものであるならば，その「プロセスそのものの変動」がサービスにおける「品質変動」ということになる。

　ここで，第4章で詳述したように，モノの場合でもそうであるが，「位相」を変化させる必要がなぜあるかというと，当然，「ニーズを満たすため」である。ある財がそのままでは満たせないニーズがある場合，形態の変化や他の財との合成といった位相変化を経て，より多くの，あるいは異なるニーズを満たしうるように変化させられることで対応する。

　マーケティング研究においては一般的に，「ニーズ」を消費者が「何らかの欠乏を感じている状態」とし，それをその消費者の文化的背景や社会的制約などを踏まえて具体化したものを「欲求（ウォンツ）」とし，そこに購買力がともなった状態で「需要」としている[7]。

　すなわち，消費者が何らかの財（製品であろうとサービスであろうと）を消費するのは，根本的にはニーズを満たすためだが，高度にニーズが満たされている現代社会では，消費者自身も気がついていないニーズに

働きかける必要性が生じてくる。場合によっては，実際に消費するまではニーズそのものを実感することもなかったが，とある消費経験をすることによって新たに別のニーズが生じてきたりすることも多い。

さらに，消費することそのものに対してだけでなく，消費の方法や手段に対するニーズも存在することにも注意が必要である。例えば，かつての電器店では，家電製品を購買すると自宅までは自分で輸送手段を確保していた。しかし現代では，配送「サービス」を活用することはもちろん，配送の日取りや時間まで指定することが一般的になってきている。

そして，この延長に，欲求そのものをサービスの提供側とともに探り，そしてそれを満たしていくプロセスそのものからも何らかのベネフィットが生じてくることが想像されよう（上原（1999））。例えば，サービス提供側に「お任せ」して委ねることで，消費者は自身の知る範囲を超えた「ニーズの満たし方のプロセス」が実現され，自身にとって未知の新しい欲求充足法を知ることになる。そして，これこそが価値にもなりえるのである。さらに，従業員側も自身のプロセス構築やプロセス創造によって消費者の満足が図れることから，従業員満足が実現されることもある。

消費者のニーズを満たすベネフィットを持つ事前のメニュー提示 ⇒ 消費者の選択 ⇒ サービス提供，といった対応は確実性の高い取引である。しかし，期待通りのサービスが提供されるような，確実性の高い環境であると，そこにはホスピタリティが生じにくい。

サービス提供側と消費者側が協働し，消費者の主観的品質の向上に努めるプロセス実現を目指すことで，消費者による事前の欲求表明を忠実に守ってプロセスを構築するのとは異なる価値が生じる。要は，事前にプロセスを規定しにくい状況，すなわち社会的不確実性の高い環境が，

サービス提供場面におけるホスピタリティにつながることになるのであろう。その際には，まさに品質は変動してくれなければ困るのである。

　しかし，ここで一つ気をつけなくてはならないことがある。前章の最後でも触れたが，消費者がホスピタリティを感じるのは，期待を超えるようなサービス提供がなされたことがその要因の一つに数えられることが多い。ところが，このようなサービス提供は，その一方でリスクの高さも否定できない。期待にそのまま応えるサービスの方が，当然ながらローリスクなのは自明である。それでもリスクを甘受するのはなぜか。

　顧客からみれば期待外れに終わるかもしれず，サービス提供側からみれば顧客を裏切ることにもなりかねないような環境下でありながら，なぜ顧客は店側にすべてを委ねたりする関係が築かれるのであろうか。もしかしたら未知の価値が得られるかもしれないが，もちろん期待外れに終わってしまう可能性も否定できない。

　これを解くキーワードは「信頼」ということになる。ただし，現代の日本人は，この「信頼」についての本質的な意味を，実は把握しきれていない。そこで，次章では信頼概念について掘り下げていく。

注

＊1　本章は南（2005）が非常に参考になった。より詳しくは同書を参照のこと。

＊2　Arndt（1979），Dwyer et al.（1987）などが該当する。

＊3　故障が内在している中古車（これを「レモン」という）を販売しようとするセールスマンばかりだと，市場には質の悪い中古車ばかりが存在するようになり，そうなると買い手は中古車を敬遠するようになってしまうため，中古車市場が成り立たなくなり，結果的に売り手にも買い手にも望ましくない結果が生じてしまうという状況に向かう市場。

＊4　IMPグループとは，Håkanssonらを中心とした研究グループである。Håkansson（1982）では，消費財はメーカーが調査・企画・製造した製品をさまざまな手段で消費者に販売するのに対し，産業財では売り手と買い手とのやり取り

の中で製品が作られ，そのやり取りの管理，すなわち関係の管理こそが重要であるという知見が得られている。また，Håkansson et al.（2000）においては，売り手と買い手という関係が，実際にはさらに広い企業群のネットワーク構造に位置していることが示されている。

＊5　Williamson（1975），上原（1999）などが該当する。

＊6　南（2005）によれば，「リレーションシップ・マーケティング」という言葉自体が初めて使われたのがBerry（1983）とのことである。

＊7　井原（2001），p.33の記述をもとにした。

参考文献

Akerlof, G. A.(1970), "The Market for 'Lemons' : Qualitative Uncertainty and the Market Mechanism", *Quarterly Journal of Economics*, 84, pp.488-500.

Arndt, J.(1979), "Toward a Concept of Domesticated Markets", *Journal of Marketing*, 43(Fall).

Berry, L. L.(1983), "Relationship Marketing", in Berry et al.(1983).

Berry, L. L., G. L. Shostack & G. D. Upah (1983), *Emerging Perspectives on Services Marketing*, American Marketing Association.

Christopher, M., A. Payne & D. Ballantyne(2002), *Relationship Marketing Creating Stakeholder Value*, Butterworth-Heinemann

Crosby, L. A. & N. Stephens(1987), "Effects of Relationship Marketing on Satisfaction, Retention, and Prices in the Life Insurance Industry", *Journal of Marketing Research*, 24, (4), pp.404-411.

Dwyer, F. R., P. H. Schurr & S. Oh(1987), "Developing Buyer-Seller Relationships", *Journal of Marketing*, 51(April).

Håkansson, H.(1982), "An Interaction Approach", *International Marketing and Purchasing of Industrial Goods*, John Wiley & Sons, Inc.

Håkansson, H. & I. J. Snehota(2000), "The IMP Perspective: Assets and Liabilities of Business Relationships", in Sheth et al.(2000).

Hanson, W.(2000), *Principles of Internet Marketing*, South-Western College Publishing.（上原征彦監訳(2001)『インターネットマーケティングの原理と戦略』日本経済新聞社。）

Heide, J. B. & G. John(1990), "Alliance in Industrial Purchasing : The Determinants of Joint Action in Buyer-Supplier Relationships", *Journal of Marketing Research*, 27 (February).

Grönroos, C.(2000a), "Relationship Marketing : The Nordic School Perspective", in Sheth et al.(2000).

Grönroos, C.(2000b), *Service Management and Marketing : A Customer Relationship Management Approach.* 2nd ed., John Wiley & Sons, Inc.

Levitt, T.(1983), "After the Sale is Over", *Harvard Business Review.* 61(5) : pp.87-93.

McKenna, R.(1991), *Relationship Marketing : Successful Strategies for the Age of the Customer,* Perseus Books.（三菱商事株式会社情報産業グループ訳(1992), 『ザ・マーケティング「顧客の時代」の成功戦略』ダイヤモンド社。）

Morgan, R. M. & S. D. Hunt(1994), "The Commitment-Trust Theory of Relationship Marketing", *Journal of Marketing*, Vol.58(3).

Payne, A.(2000), "Relationship Marketing : The U. K. Perspective", in Sheth et al.(2000).

Parvatiyar, A. & J. N. Sheth(2000), "The Domain and Conceptual Foundations of Relationship Marketing", in Sheth et al.(2000).

Peppers, D. & M. Rogers(1993), *The One to One Future*, Doubleday.（井関利明監訳(1995)『ワン・トゥ・ワン・マーケティング』ダイヤモンド社。）

Sheth, J. N. & A. Parvatiyar(2000), *Handbook of Relationship Marketing*, Sage.

Williamson, O.(1975), *Markets and Hierarchies*, The Free Press.

Woolf, B. P.(1996), *Customer Specific Marketing : The New Power in Retailing*, Teal Books.（中野雅司訳(1998)『顧客識別マーケティング』ダイヤモンド社。）

井原久光（2001）『ケースで学ぶマーケティング』ミネルヴァ書房。

上原征彦（1999）『マーケティング戦略論』有斐閣。

久保田進彦（2003）「リレーションシップ・マーケティング研究の再検討」『流通研究』第 6 巻第 2 号，日本商業学会。

久保田進彦（2007）「リレーションシップ／コミュニティ研究の発展：広告コミュニケーション戦略への示唆」『日経広告研究所報』，第41巻第 5 号。

嶋口充輝（1994）『顧客満足型マーケティングの構図―新しい企業成長の論理を求めて』有斐閣。

徳江順一郎（2009）「サービス「再考」―マーケティングにおける「サービス」について」『高崎経済大学論集』第52巻第 1 号，高崎経済大学経済学会，pp.103-117。

南知惠子（2005）『リレーションシップ・マーケティング』千倉書房。

山岸俊男（1998）『信頼の構造』東京大学出版会。

余田拓郎（2000）『カスタマー・リレーションの戦略理論』白桃書房。

和田充夫（1998）『関係性マーケティングの構図』有斐閣。

第 8 章

背景理論【2】

～相互信頼関係と安心保障関係～

Hospitality
Management

第1節 コミットメントと安心・信頼に関する研究

　関係を議論する際には，信頼概念に関しての理解が欠かせないことが分かってきた。そこで，次に関係性に付随して生じてくる信頼概念について検討しよう。

　信頼に至る前提として，他者との関係を維持するという意思が必要となる。これをコミットメントという。そこで，まずはコミットメントについての先行研究について概観する。コミットメントについて，Morgan et al.（1994）においては，関係の維持に重点を置いた定義がなされている。

　　　「ある当事者がパートナーとの関係について，それを維持するために最大限努力することが当然であるとまでに関係の意義を認めること」

　　　「関係が永続することを望み，その関係を維持するために努力すること」

　これに対して，山岸（1998）では第三者の登場による影響にまで言及している。

　　　「他の相手からの有利な誘いを拒否しても，同一の相手との継続的関係を維持しようとすること」

　いずれにせよ，相手との強固な関係の維持へのモチベーションがポイントとなる。

　つまり，コミットメントとは，主体間の関係を継続しようという意識を，主体のいずれかが持っている場合に生じるものであると考えられる。

ただし，その背後には，なんらかの利益が得られそうだという期待感も見え隠れしている。この期待感を持てたときに，コミットメントが生じてくるということである。

次に，信頼概念に対してどのような検討がなされているのだろうか。

Anderson et al.（1989）による信頼の定義をみてみよう。

　　「一方のニーズが他方の行動により，将来的に充足されるという信念」

その後，Anderson et al.（1990）では，この考え方をもとに，メーカーと流通業者とが協調して行動する際に形成される信頼に関するモデルの提示がなされた。

また，Anderleeb（1992）は二つの意味を提示している。

　　「相手の能力に対する確信と，意図に対する確信」

そして，余田（2000）は，より細分化した期待に言及している。

　　「相手が役割を遂行する能力もしくは意図を持っているという期待であり，不確実性軽減に寄与するのは，意図を持っているという期待の部分」

さらに久保田（2003）においても意図に対する確信について重視し，その意義を以下としている。

　　「相手が機会主義的行動をとるかもしれないという不安を低減することにある」

いずれも能力と意図との関係，そしてそこから派生した確信という方向性で信頼はとらえられてきている。

ただし，コミットメントや信頼概念の把握には，もう少し踏み込んだ検討が必要である。そこで，その前段階としてコミットメントに関しても異なる視点から眺めてみたい。

コミットメント関係の根源

　ここまでの議論はいずれも，関係が生じている主体間における，その関係の要因としてコミットメントや信頼を据えたものである。

　それでは逆に，こうしたコミットメントや信頼概念そのものに対しては，どのような説明が可能であろうか。まずはコミットメントに関して検討してみよう。

1　コミットメント関係の前提：ゲーム理論からのアプローチ

　ここで前提となるのは，なぜ継続的な関係が生じるかということになる。ある主体が継続的関係に対して関心を持つ理由の一つに，接点が生じた際のさまざまなリスクや不安の除去に対して，主体間の関係構築が何らかの影響を及ぼしているからというものがある。

　もし，相手が自分の利益のみを追求するような機会主義的行動を取ろうとする可能性があるならば，自身が不利益を被ることをなるべく低減するために，他者とのなんらかの関係を構築しようとすることは自然であろう。そして，もし相手も同様に考えていた場合には，この関係が双方向のものとして続いていくことになる。さらに可能であるならば，関係が継続していくと，よりプラスの効果が期待できる関係に昇華させようとすることが多い。

　関係構築の際に，自身の不利益を避けようとすることのみが理由であるならば一方的な関係への希求であって，双方向性のある関係とはいえ

ない。そして，もしも片方のみが不利益を避けるためになんらかの関係の構築を希求しているのみであれば，相手は逆に，それに「つけ込む」ことによって，むしろ大きな利益を得ることができるであろう。

　こうした一方的な裏切りは，前述した「レモン市場」の例でも明らかなように，やがてはそうした関係が皆無になるという結末を迎えよう。しかし現実にはそのようにはなることはあまりない。この理由としては，ゲーム理論において多くの研究がなされてきている「囚人のジレンマ」実験を参考にすると理解しやすいだろう。

　ある重大犯罪事件の容疑者として，XとYとの2人が別件の微罪で逮捕された。しかし，重大事件の解決には容疑者の自白が必要である。尋問は，2人別々になされ，意思疎通はできない。その状況で，自白を促すためにXとYそれぞれに司法取引をすることになった。つまり，現在の容疑では懲役3年程度しか問えないが，自白をして重大事件の犯罪を認めれば，その分の減刑を認めるというものである。整理すると，

　・2人とも自白をすれば懲役10年程度
　・2人とも黙秘を続ければ微罪でしか罪を問えないため懲役3年程度
　・片方が自白し片方が黙秘を続けた場合は，自白した方は司法取引により罪を減刑して懲役7年程度，黙秘を続けた方は懲役12年程度
という条件のもとで，双方がどのような行動を取るかについて研究されたものである[1]（図表8-1）。

　囚人のジレンマ実験では，同じ利得行列を用いて何度も繰り返して選択を行なう場合と，1度しか選択を行なわない場合とで，選択行動が異なることが分かっている[2]。1度しか選択を行なわない場合には協力関係（ここではお互いに黙秘）が成立しない可能性が高いが，繰り返して選択する場合には「協力」が当初は低下する傾向があるものの，しだ

図表8-1 囚人のジレンマ（利得行列）

容疑者X ＼ 容疑者Y	黙　秘	自　白
黙　秘	懲役３年／懲役３年	懲役７年／懲役12年
自　白	懲役12年／懲役７年	懲役10年／懲役10年

出典：著者作成。

いに増加するようになり，結局は１回限りの場合よりも協力度が高くなる傾向にあるという。

　これはPruitt et al.（1977）による「目標／期待理論」で説明がつく。この理論においては，相互協力が長期的には利益になるということをお互いが理解し，かつ相手が自分につけ込まないという信念の醸成が前提となっている。また，Axelrod（1984）では，非協力性が高い相手同士であっても，相手の非協力の後には自分も非協力を，相手の協力の後には自分も協力を，という「応報戦略」[3]によって互いの協力が達成されると示されている。

　こうして，例えば人的な信頼関係が主体間にない場合でも，なんらかの関係を軸として，協力的な関係が構築される可能性が生じることになる。そして，短期的な利益を逃すとしても，相手との関係を継続する，あるいは継続しようとしている場合，この関係がコミットメント関係と定義づけられる[4]。心理学的には互いに心理的な好意を抱いている状況を指すことも多いが，ここでは企業間関係にも応用することを前提とする。人的関係においても，コミットメント関係の結果として，互いに好意を抱くこともあるということについては否定しないが，こうした感情そのものを指してはいないものとする。

　ただし，コミットメント関係は信頼からすなわち導かれるものではないことには注意が必要である。それは囚人のジレンマ実験によっても明らかであろう。そして，これは社会的不確実性に対応するための関係であるとも位置づけることができよう。ここにサービスの不安定性をコミットメント関係によって補完する根拠が見えてくるのである。

　サービスのような不安定性の高い媒介を前提とした場合，その媒介が存在することそのものが一定の社会的不確実性となると考えることができる。そのため，ある時点での顧客は満足するとは限らない。ところが，その満足如何にかかわらず，コミットメント関係によって長期的な利益に対する期待が生じることがある。その場合にそこで協働がよりスムーズになされるようになると，互いの安心感が高まり，互いに期待も高まってゆき，やがて提供側と顧客側との間での次の段階の関係が醸成されるようになる可能性が生じる。

　一方で，サービスの中でも不安定性が高くないものを媒介とした関係においては，社会的不確実性はきわめて低く，その取引の交換そのものに焦点が当てられるため，コミットメント関係は成立しにくい可能性が高い。特に提供側と顧客側との関係がポイントになってくることが理解できよう[*5]。

2 コミットメント関係の前提：「利他性」からのアプローチ

　次に検討しなくてはならないのは，コミットメントに内在する，場合によっては他者の利益の方を尊重するということ，すなわち「利他性」という概念である[*6]。利他性とは，他人とのやり取りにおいて，他人が喜ぶことに関与できた際に，自身が喜びを感じるという観念である。

これを理論的に言い換えるならば，他人の効用を実現し得た際に，そこから収入という形で獲得できる利益の他に，利他性から生じる自身の喜びという利益もあるということになる。もちろんこの性質には個人差がある。他人が喜んでいる状況において，嫉妬のような感情ばかりを抱く人もいるし，一方で自身の利益をとことんまで減じてでも，他人の利益が実現されることに至上の喜びを覚える人もいる。

　そもそも，人は利益に基づいた「合理的」な判断をしているように思われるが，実際にはそうでもない。このことを端的に示しているものに，「最後通牒ゲーム（Ultimatum Game）」という実験がある（村井（2009），p.70）。

　最後通牒ゲームにおいては，２人で利得を分割するに際し，相手が提示した自身の利得mに対し，自身は拒否することができない。もし拒否をするならば，相手も自身も利得を失うという前提が置かれる。このような状況では，自身の利得mが０でさえなければ受け入れることが「合理的」な判断であろう。なぜならば，拒否をすれば何も得られないので，相手の提示した利得がいかに少なくとも，その利得m＞０を受け入れることによって，自身に利益が生じるからである。

　しかし，実際にはmが一定の割合pを下回るようになると，拒否する人が増加することが知られている。このpがどの程度になるかは，その社会的文化的背景などによって左右されるが，30％前後であることが知られている。これを下回ると，拒否を選択する人が急増する。その理由としては，合理性よりも不公平感や不公正感の影響が強いと考えられている。さらに，提案権者側も50％の提案をすることも多いことが，不公平感や不公正感が意思決定に影響を及ぼしている証拠にもなるだろう。

　このような，他人から自身への不公平や不公正に対して反応する脳部

位として，「島皮質前部」が挙げられる（Sanfey et al. (2003)）。さらに，不公平や不公正に対して，ある程度の寛容さを示し，理性と感情とのバランスをとり，社会の円滑さを維持する機能をつかさどっている脳部位として，「腹内側前頭前皮質」が挙げられる*7。ここは，自身の利益よりも他者や社会の利益を司っている部位であり，利他性の根源となっている。

こうした，不公平や不公正な行為，あるいは自や他の利益に対する人の脳の働きによって，社会全体としての合理性が担保される。その結果として，個人レベルでは合理的と思えない選択がなされたとしても，社会レベルにおいては合理性が見いだされることになるのである。そして，いずれにせよ人間の脳には，こうした利己性と利他性との双方に反応する要素が存在し，それらのバランスによって対応行動が変わってくることが理解できる。関係においても，2者双方の，すなわち「2者による社会」における合理性を目指す行為がなされる理由も理解できよう。

つまり，こうした脳を持つ人間が保持する利他性によって，社会的不確実性の高い環境下の主体間において，双方の協働による新しい価値創出が，双方のより一層の満足につながることになるのである。相手をだまそうと思えばだませる環境でも，自身の利益よりも相手の利益を考えるという人間の特性が，ここから生じている。

3　コミットメント関係に関するまとめ

以上，コミットメント関係が生じる理論的背景について，二つの方向から考察してみた。

自身に必ずしもすぐの利益にならなくても，大きな損失になることさえ避けられるのであれば，長期的な視点での利益や，利他的行動によっ

て相手のために行動するということがありえることが理解できたことと思う。そしてまたこのことこそが，ホスピタリティにおける相互的な関係と利他的行動に関する根拠となるのである。

第3節　信頼概念の根源

1 　関係から信頼が生じる根拠

そもそもなぜ信頼という思考が生じるか。この疑問の解明に対して，これまでになされてきたアプローチの流れをまとめてみよう。

まずは，裏切られないようにするため，という方向性での考え方がある。何度か言及した「レモン市場」の例のように，社会的不確実性が高い環境においては，安心する，安心できる，ということがきわめて重要な前提となるように思われる。このアプローチは，「マイナスを減じる」という方向性であるとみなすことができよう。

他にも逆に，信頼されるように行動することは，その行動をする主体にとって利益になるからだ，という考え方がある[8]。社会全体で皆が信頼されるように行動することが自分の利益にもなるから，ある主体は他から信頼されるように行動する，ということである。しかし，企業間関係における信頼の根拠としては，これこそがつけ込まれる隙になりかねない。この考え方は，「なぜ信頼されるような行動をするか」についての必要条件でしかない。

　さらに，客観的根拠無く信じられる状況こそが信頼である，という考え方もある。ここでは，信じるために十分な根拠があるケースは少ないのに，ある主体が他を信頼する理由について追求することが主である。このアプローチでは，特に人間が主体である場合に，十分な根拠無く他を信頼している状況を所与のものとしている*9。しかしこれではやはり企業間関係における信頼関係については一切の根拠たりえない。

　いずれにせよ，社会には多少の差はあれ社会的不確実性が存在するのであるから，いかにして自身の損失を軽減させられるかがポイントとなってくる。つまり，どうすればその不確実性から生じる心配事を減らして「安心」できるか，ということであり，そのためのキーワードが「信頼」であるということが想定できる。

　ただし，ここでの安心には，相手の意図についての情報のみが必要条件であるわけではなく，そもそも売り手が買い手を騙そうとしても限界がある場合には，必ずしも社会的不確実性が高いとはいえない。例えば，中古車市場では買い手の知識に限界があっても，新車市場においては隠された故障はほとんどないと考えられるため，社会的不確実性が低いといえよう。もちろんこれは状況の変化や相違によっても異なってくる。新興の自動車メーカーや，開発途上国での事情には当てはまらない可能性が生じるのは当然である。

　そこで，前述したようなマーケティング以外の分野における「信頼」の定義も考察したい。

2　他分野における信頼概念─意図と能力

　まず，Rotter（1967, 1971）による信頼の定義である。

　「他者の言葉や約束，口頭ないし書面による言明が当てにできる
　という信念」

　しかし，ここではこの研究から信頼に関する「対人一般尺度」を開発
していることからも分かる通り，あくまで「人対人」の関係に限定して
いる。

　実際には信頼という言葉には非常に多くの意味が内包されており，そ
れらを全て網羅しようとすると，Luhmann（1979）やBarber（1983）ら
による定義が必要となるであろう。

　「『自然的秩序』と『道徳的社会秩序』との存在に対する『期待』，
　すなわち世界に存在する何らかの秩序に対しての確固たる信じ込
　み」

　しかし，この定義によると，特に道徳的社会秩序よりも，より確実性
や安定性が高いと考えられる自然的秩序に対しても，われわれが信頼し
ているという意味になり，これはやや広すぎるように感じられる。
Luhmannらがこの両者をともに信頼としたのは，人間の情報処理能力
には限界があるが，信頼によって複雑な現実に何らかの規則性を見出し，
かつそれを維持する助けとなることで，信頼が情報の単純化に貢献して
いるという共通項を両者が持っているためであると考えられる（山岸
（1998），pp.33-34）。とはいえ，こうした「秩序」によって，われわれは「安
心」することができるのは確かであろう。

　だが，春の後には夏が来て，やがて秋になり，そして冬が訪れる，と
いった自然的秩序に対しては，われわれは信頼している，というよりも，
確信している，と表現した方がふさわしいのではないだろうか。ここに
は，道徳的社会秩序に対しては，他者の意思が及ぼす影響が大きいのに
対し，自然的秩序に対しては，他者の意思が影響しないという違いがあ

る。「絶対神」の意思で自然的秩序も支配されていると考えるのであれば，確かに自然的秩序も信頼の対象となるであろうが，われわれ日本人がそこに違和感を持つことは否めない。すなわち，道徳的社会秩序に対する期待こそが「信頼」なのである。

　しかし，ここで信頼が道徳的社会秩序に対する期待とすると，次に新たな検討事項が見えてくる。道徳的社会秩序を守るのに，受動的消極的になしえるということはまれであろう。つまり，ある程度以上の意図や意思を持ち，それなりの能力を発揮して，なんらかの努力を能動的・積極的にすることが求められよう。それらが欠けている場合には，自身にリスクが生じないという「期待」をすることができないからである。

　意図や意思に関して，例えば，行きつけのバーのバーテンダーが，高級ウィスキーの瓶に安物のウィスキーを詰め替えて提供しているかどうかを顧客が疑わないのであれば，それはバーテンダーの意図や意思に対して期待できているということになる。要は，バーテンダーが偽のウィスキーを提供することで利益を得るという意図や意思を拒絶していると期待しているのである。

　また，こうした意図や意思に対する期待だけで必ずしも安心できるとは限らない。ふぐの料理人がさばいてくれたふぐを，毒の心配なく顧客が食べることができるのは，その料理人がお客様を殺そうなどという意図や意思を持たないこと以外に，ふぐ調理師免許に裏打ちされた確かな技術や知識といった能力を持っているからである。つまり，われわれは能力を持っていることに対しても期待できてやっと安心できることになる。

　さらに，有名料亭の名前が冠らされて販売されているお弁当について安心できるのは，意図や意思，そして能力に対する期待もあるだろうが，

一方でその期待を裏切った際の社会的制裁が，有名であればあるほど大きな影響を及ぼすことになるからでもあるだろう。

　すなわちこのような道徳的社会秩序に対する期待によって安心するには，意図に対する期待と能力に対する期待，そして制裁に対するリスクの推測による期待，という三つの意味がある。

　しかし制裁に対するリスクの推測によって相手が裏切るような行為はしないだろうと考えられても，実は信頼というよりも単に「安心」できる状態でしかない。あくまでなんらかの事情で（例えば人質を取っているなど）相手が裏切れない状況についての知識を持っているからこそ，相手が自分に危害を加えないという「期待」ができるのであって，相手に対して本当の意味で「信頼」しているわけではない。そのため，この「安心」については区別する必要があるだろう[*10]。事実，安心が保障されている状況は，むしろ社会的不確実性が低減されているともとらえられるからである。

　ここで，意図と能力についての期待を，Barberは下位分類として扱っている。すなわち，以下の二つである[*11]。

---

①相手が役割を遂行する能力を持っているという期待

②相手が信託された責務と責任を果たすこと，またそのためには，場合によっては自分の利益よりも他者の利益を尊重しなくてはならないという義務を果たすことに対する期待

　これら2種類の期待には，「安心を生みだす」という共通項がある。しかし，その理由に関しては共通性がない。一方で，ほとんどの場合にはこの2種類の期待（意図と能力）が揃ってはじめて，相手を信頼することが可能にもなるといえる。

第4節 信頼概念とホスピタリティ

1 安心と信頼

　ここまでの議論をまとめると，他の主体との関係において意識する点は以下のとおりである。制裁に対するリスクの推測による「安心」があり，さらに，安心が生じる理由には，「自然的秩序」に対する期待も挙げることができるだろう。そして，意図や能力に対する期待からの「信頼」も存在する。こうした（信頼によるものを含めた）安心が，社会的関係の円滑化に寄与しているということになる。

　そうなると，企業間での「信頼関係」のような関係性は，ここまでの議論に即して考えれば，特に関係の初期においては「信頼」というよりも「安心」の方がふさわしいのではないだろうか。中国の故事の「合従連衡」に見られるように，「敵の敵は友」といった考え方で関係を深めようとしたり，あるいはなんらかの共通のメリットを見出して，その共通のメリットを守るために共闘したりすることは頷けることである。その際には2者間に社会的不確実性は低いことになる。

　ここで，このような「安心」を保障する関係においては，互いにマイナスを減ずるための行動であるとみなせるが，ここから，互いの相互作用のプロセスを経て，不確実性を許容しつつ，新たな価値の創出といった互いのプラスを増幅させるような関係に昇華した場合には，それが「信頼」の関係へと変化することは十分にありえるだろう。取引コストと機

会コストとの比較による，取引の内部化と市場化との選択問題[12]とし
てとらえられた場合，あるいは機会主義的行動の低減に対する期待[13]
といったメリットが大きければ，これらは「安心」を保障していると考
えられるが，売り手と買い手との相互作用での製品開発[14]やチャネル
における垂直的協調行動によるメリット[15]といった関係は，お互いの
「信頼」という前提がなければ成り立たないと考えられる。

　こうした考え方は，B to Cでも同様である。信頼財における人的関係
の強さの影響[16]や，ヘビー・ユーザーとの関係強化[17]といった，企
業側の操作的特性が強いと思われるケースでは，買い手に対する「安心」
の保障が重要である。しかし売り手と買い手との協働作業によって，買
い手の問題解決を図る「ワークショップ型マーケティング」[18]や，サ
ービスの売り手と買い手との継続的かつ直接的な接触についての知
見[19]，さらに技術革新を生かした顧客に対する個別的対応[20]や市場
シェアではなく顧客シェアの向上[21]といった関係に至っては，相手を
「信頼」し，自身も「信頼」してもらうという関係の構築へと移行して
いくことになる。特にサービス提供時においては，サービスが無形であ
り，場合によっては提供側と顧客側との協働作業が必要になるため，信
頼関係の中から顧客側の期待を超えるサービス提供がなされることもし
ばしばであり，こうした関係が構築されると，それは提供側に非常に大
きな競争力をもたらしてくれるであろう。

　これをもとにして考察すると，サービス提供プロセスにおける関係は，
まずは安心を保障する関係を消費者との間に結ぶことができるか否かと
いう問題と，次にそれが昇華して，意図や能力に根ざした信頼関係を得
られるか否かという問題，とに分けることができる。

2　相互信頼関係とホスピタリティ

　社会的不確実性の高い環境においては，制裁に対するリスクの推測に対して期待してもらうなどして，安心を保障して不確実性を低減させるか，意図や能力に対して期待してもらい信頼をしてもらうか，いずれかの関係を結べなければビジネスにならないことは理解できたであろう。そのため，サービスのような不確実性がともなう取引においては，このいずれかを実現することが必要になる。

　そこで，第6章で検討した寿司店の事例を踏まえて，この信頼を軸としたサービス提供プロセスについて掘り下げてみる。

　回転寿司は，目の前の好きなものを，事前に確定的に提示した金額で提供するという形でサービスが提供されている。つまり，顧客と「安心保障関係」を築き，幅広い顧客獲得に成功していると考えられる。そのサービス提供プロセスを日々磨くことにより，より低価格で，より品質の高いプロセスが実現し，多くの顧客に提供できるようにもなっている。ただし，この関係では顧客側は自身の知っている欲求しか満たすことはできない。そして，事業者側はどうしても価格競争に陥りやすくなる。

　一方，値札がないような高級寿司店は，回転寿司に比べるときわめて社会的不確実性が高いといえるだろう。お任せであることが多く，なにが出てくるか分からないうえに，金額さえ支払いの段階まで分からないこともあるからである。しかし，顧客は自身が好きではないと思っていた魚の美味しさを知ることができたり，応用的サービスの展開により自身に合った調理法や量で提供してもらえたりする。すなわち，そのプロセスそのものも大いに享受するのである。

　サービス提供側が応用的サービスを自身で工夫することにより，顧客

は固定的サービスでは得られない喜びを感じることができる。そして，それによりサービス提供側も固定的サービスでは得られない喜びを感じられる。これは，固定的サービスによる安心保障関係では生じない「新しい価値」であるといえよう。

　ただし，応用的サービス提供プロセスの背後には必ずリスクが存在する。ところが実は，そのリスクがあるからこそ，お互いに信頼しあう必要があり，こうした「相互信頼関係」の構築こそが，ホスピタリティと感じるポイントにもなっているのである。

　○固定的サービスの提供　⇒　不確実性の低減　⇒　安心保障関係
　○応用的サービスの提供　⇒　不確実性の存在　⇒　相互信頼関係
　　　　　　　　　　　　　　　　　　　　　　　　⇒　ホスピタリティ

　第6章の最後で，ホスピタリティとは，不確実性の高い環境において，関係性をマネジメントしえた際に用いる表現であると論じた。これに，本章までに検討したことを加えると，その関係性マネジメントには，「相互信頼関係」の構築が必要であるということが結論づけられる。

　ただし，不確実性が高いということは，事業として幅広く展開していくには困難がともなうということでもある。この点が解決できなければ，こうしたホスピタリティの産業化は不可能ということにもなる。しかし，現実にはホスピタリティで評価され，世界的な展開を実現している企業があるのも事実である。次のステップとしては，このパラドックスの解決を図りたい。

注

*1　これが発展して，2者間の「協力」,「非協力」の選択と結果としての「利得」との関係について研究が進んでいる。

*2　Axelrod（1984），Yamagishi（1995）などに詳しい。

*3　いわゆる「目には目を，歯には歯を」の対応を取ること。

*4　Emerson（1976），他。また，第1節で述べた定義も参考にした。

*5　この「関係」に関しては，上原（1985），pp.12-14を参考にした。第6章も参照のこと。

*6　利他性以外の要素については，例えば両者の関係に主従関係や上下関係などが存在しないこと，期待を下回ったとしても継続的な関係を志向すること，などが挙げられる（徳江（2010），p.100）。

*7　田中訳（2000），pp.281-287を中心に前頭前皮質の役割についてはまとめられている。

*8　Hardin（1991, 1992）における「カプセル入りの自己利益」に基づく「信頼」が代表的である。

*9　Rotter（1967）では「一般化された期待」について，Erikson（1963）では生育環境と信頼との関係について研究されているが，そもそもそうした信頼が生じる根源的理由についての言及はない。

*10　山岸（1998）でも，これを信頼とは区別した表現として用いている（p.39）。しかし，このようなケースでも「信頼」という表現がしばしば使われるのは，企業側がこれを「信頼」として欲しいがために，CMなど，消費者とのコミュニケーションで多用した影響が大きいと考えられる。

*11　こうした分類は他にも山岸他（1995）でも採用されている。

*12　Williamson（1975），上原（1999）など。

*13　久保田（2003）など。

*14　Håkansson（1982）など。

*15　Anderson et al.（1990）など。

*16　Crosby et al.（1987）など。前章も参照のこと。

*17　Woolf（1996）など。

*18　嶋口（1994）など。

*19　Grönroos（2000a, 2000b）など。

*20　McKenna（1991）など。

*21　Peppers et al.（1993）など。

参考文献

Akerlof, G. A.(1970), "The Market for 'Lemons' : Qualitative Uncertainty and the Market Mechanism", *Quarterly Journal of Economics*, 84, pp.488-500.

Anderleeb, S. S.(1992), "The Trust Concept : Research Issues for Channels of Distribution", *Research in Marketing*, 11.

Anderson, E. & B. Weitz(1989), "Determinants of Continuity in Conventional Industrial Dyads", *Marketing Science*, 8(4).

Anderson, J. C. & J. A. Narus(1990), "A Model of Distributor Firm and Manufacturer Firm Working Partnerships", *Journal of Marketing*, 51(October).

Antonio Damasio(1994), *Descartes' Error*, Putnam Adult. (田中三彦訳 (2000)『生存する脳─心と脳と身体の神秘』 講談社。)

Axelrod, R.(1984), *The Evolution of Cooperation*, Basic Books.

Barber, B.(1983), *The Logic and Limit of Trust*, Rutgers University Press.

Cook, K. S., G. Fine, & J. House(1995), *Sociological Perspectives on Social Psychology*, Allyn and Bacon.

Crosby, L. A. & N. Stephens(1987), "Effects of Relationship Marketing on Satisfaction, Retention, and Prices in the Life Insurance Industry", *Journal of Marketing Research*, 24,4 404-411.

Emerson, R. M.(1976), "Social Exchange Theory", *Annual Review of Sociology*, No.2, pp.335-362.

Erikson, E. H.(1963), *Childhood and Society*, 2nd ed., W.W. Norton.

Grönroos, C.(2000a), "Relationship Marketing: The Nordic School Perspective", in Sheth et al.(2000).

Grönroos, C.(2000b), *Service Management and Marketing: A Customer Relationship Management Approach.* 2nd ed., John Wiley & Sons, Inc.

Håkansson, H.(1982), "An Interaction Approach", *International Marketing and Purchasing of Industrial Goods*, John Wiley & Sons, Inc.

Håkansson, H. & I. J. Snehota(2000), "The IMP Perspective : Assets and Liabilities of Business Relationships", in Sheth et al.(2000).

Hardin, R.(1991), "Trusting Persons, Trusting Institutions", in Zeckhauser(1991), pp.185-209.

Hardin, R.(1992), "The Street-Level Epistemology of Trust", *Politics and Society*, No.21, pp.505-529.

Luhmann, N.(1979), *Trust and Power*, Wiley.

McKenna, R.(1991), *Relationship Marketing: Successful Strategies for the Age of the Customer*, Perseus Books. (三菱商事株式会社情報産業グループ訳 (1992)『ザ・マーケティング「顧客の時代」の成功戦略』 ダイヤモンド社。)

Morgan, R. M. & S. D. Hunt(1994), " The Commitment-Trust Theory of Relationship Marketing", *Journal of Marketing*, Vol.58(3).

Peppers, D. & M. Rogers(1993), *The One to One Future*, Doubleday.（井関利明監訳（1995），『ワン・トゥ・ワン・マーケティング』ダイヤモンド社。）

Pruitt, D. G., & M. J. Kimmel(1977), "Twenty Years of Experimental Gaming : Critique, Synthesis, and Suggestions for the Future", *Annual Review of Psychology*, No.28, pp.363-392.

Rotter, J.(1967), "A New Scale for the Measurement of Interpersonal Trust", *Journal of Personality*, No.35, pp.651-665.

Rotter, J.(1971), "Generalized Expectancies for Interpersonal Trust", *American Psychologist*, No.26, pp.443-452.

Sanfey, Alan G., James K. Rilling, Jessica A. Aronson, Leigh E. Nystrom & Jonathan D. Cohen(2003), "The Neural Basis of Economic Dicision-Making in the Ultimatum Game", *Science*, no.300, pp.1755-1758.

Sheth, J. N. & A. Parvatiyar(1994), *Relationship Marketing: Theory Methods and Applications*, Research Conference Proceedings, Center for Relationship Marketing (Emory University).

Sheth, J. N. & A. Parvatiyar(2000), *Handbook of Relationship Marketing*, Sage.

Sheth, J. N.(2002), "The Future of Relationship Marketing", *Journal of Service Marketing*, 16, 7, 590-592.

Yamagishi, T.(1995), "*Social Dilemmas*", in Cook et al.(1995), pp.311-335.

Zeckhauser, R. J.(1991), *Strategy and Choice*, MIT Press.

Williamson, O.(1975), *Markets and Hierarchies*, The Free Press.

Woolf, B. P.(1996), *Customer Specific Marketing: The New Power in Retailing*, Teal Books.（中野雅司訳（1998）『顧客識別マーケティング』ダイヤモンド社。）

上原征彦（1985）「サービス・マーケティングの本質とその日本的展開」『マーケティングジャーナル　1985年4月号』日本マーケティング協会。

上原征彦（1999）『マーケティング戦略論』有斐閣。

久保田進彦（2003）「リレーションシップ・マーケティング研究の再検討」『流通研究』第6巻第2号，日本商業学会。

嶋口充輝（1994）『顧客満足型マーケティングの構図―新しい企業成長の論理を求めて』有斐閣。

徳江順一郎（2010）「関係性概念と信頼構造」『日本ホスピタリティ・マネジメント学会誌 HOSPITALITY』第17号，pp.95-102。

村井俊哉（2009）『人の気持ちがわかる脳』筑摩書房，p.70。

山岸俊男・山岸みどり・高橋伸幸・林直保子・渡部幹（1995）「信頼とコミットメント形成―実験研究」『実験社会心理学研究』No.35, pp23-34。

山岸俊男（1998）『信頼の構造』東京大学出版会。

余田拓郎（2000）『カスタマー・リレーションの戦略理論』白桃書房。

第9章

トライアド・モデルと
ホスピタリティ・マネジメント

Hospitality
Management

社会的不確実性の制御

　固定的サービスの提供による安心保障関係の実現によって，多様な消費者に対して，多くの従業員による同質のサービス提供が可能となった。しかしこの対応では画一的となってしまい，ホスピタリティを実現できない。一方で，消費者のニーズの変化や欲求の多様性に適合させるべく，やり取りの中で対応を変化させる応用的サービスが必要となった。ところが，この方向性では社会的不確実性の存在から，相互信頼関係の実現が前提となり，事業としての安定性に欠けてしまいかねない。

　このパラドックスの解決なくして，本来的な意味でのホスピタリティ・マネジメントはありえない。そこで，この対策として，東京ディズニーランド（以下，「TDL」という）の例を取り上げたい[*1]。

　TDLにおいて現場の従業員を「キャスト」と呼び，顧客のことを「ゲスト」と呼んでいることは有名である。また，われわれがホスピタリティについて語る時にはいつも，「ホスト」と「ゲスト」との関係というテーゼが存在してきた。これを第5章のサービス・デリバリー・システムと照らし合わせると，バックオフィスまたは組織を「ホスト」，現場のフロント・オフィスの従業員を「キャスト」，顧客を「ゲスト」ととらえることが可能となる。

　さて，この前提のもとで，TDLについてもう一度考えてみたい。TDLは，第1章でも取り上げた通り，ホスピタリティという言葉を代表する企業の一つとして数えられている。一方で，従業員には手厚い教育を施し，プロセスのパッケージ化に関してもかなりなされている企業

である。さらに，顧客に対しても「飲食物の持ち込み禁止」，「TDL内での飲酒禁止」といった，多くの制限を課してきた（一部は緩和されている）。こうした関係だけを見ていると，安心保障関係でしかなく，相互信頼関係になっているとは受け取れない。つまり，社会的不確実性を極限的にまで減少させており，ホスピタリティが感じられる余地はないように思われる。

　しかし，かなりパッケージ化が進められているように思える同組織において，キャストとゲストとの会話ややり取りの自由度は高い。もっとも象徴的なアトラクションとしては，「ジャングル・クルーズ」を思い浮かべてもらえるといいだろう。船に乗ってジャングル内をめぐり，幾多のトラブルを経て戻ってくるものであるが，船長一人ひとり，セリフが違うことは知っている人も多いはずだ。ここまで多様ではないにしても，他のさまざまなサービス・エンカウンターにおいて，会話を含むやり取りに関しては最低限のパッケージ化のみにとどまっているという。

　つまり，TDLにおいては，キャストとゲストとの関係のみならず，キャストの背後としての存在であるホストもいて，

---

①　ホスト⇔キャスト
②　ホスト⇔ゲスト
③　キャスト⇔ゲスト

という三つの関係が存在すると解釈しうる。そして，①と②は社会的不確実性を排除した関係を構築して確実な組織やマーケティングのマネジメントを実現しつつ，③において社会的不確実性を高めることによって，顧客と現場従業員がホスピタリティを感じられるようにしているととらえられよう。

　これは，他のサービス事業，例えばファミリーレストランやファースト・フードなどと比較すると，より理解しやすいであろう。ファミリーレストランやファースト・フードでは，キャスト（という名称がついているわけではないが）とゲストとの間の会話についても，固定的なやり取りが基本である。

　かつてしばしば例に出された，一人で来た顧客が「ハンバーガー20個」と頼んだ際に，「こちらでお召し上がりですか？」と言われるような対応がその典型であろう。あるいは，コーヒーを頼んで席を外した隙に，コーヒーをウェイトレスが持ってきたが，誰もいない席に向かって「どうぞごゆっくりお過ごしください」と頭を下げていた，という例もしかりである。TDLにおいてはこのキャストとゲストとの関係性において社会的不確実性をある程度までは許容することで，ホスピタリティが実現される可能性を残しているのである。

　組織において，③キャストとゲストとの関係における社会的不確実性をどこまで高められるかは，組織を取り巻く関係者の数や，①ホストとキャスト，②ホストとゲストとの社会的不確実性の度合いにもよる。つまり，小規模な飲食店などは，①ホストとキャストや②ホストとゲストとの関係がきわめて近く，そのためにわざわざ契約などを持ち出さなくても暗黙知が形成されるなどしており，③キャストとゲストとの関係における不確実性の度合いは相当程度高くても問題は生じにくい。一方で，TDLのような巨大な組織が多数の顧客に対応するような場合には，ある程度は契約で①や②の関係における社会的不確実性を除去しうるが，それでも関わりを持つ人数が非常に多いために，③キャストとゲストの関係における社会的不確実性を高め過ぎるのは事業遂行上危険となる。そこで，パッケージ化を併用しつつ，ホスピタリティが感じられるレベ

ルの社会的不確実性を創り出している。

　もちろん，顧客を危険な目に遭わせないためにも，不確実性を低めなければならない点についてパッケージの遵守は必須である。例えば，危険が伴うアトラクションにおける機械や設備を扱う際にも，非常に細かい行動規定がなされている。また，施設内に食べ物を持ち込めないというのも，食中毒の発生を抑制するという意味でも効果的ではある*2。

　一方で③キャストとゲストとの間では，接点における会話を弾ませるために，「あえて問いかけを多用しよう」，といったことの情報共有はなされている。そしてもちろん，価値観や尺度，テーマ，そして関係構築力についての情報などの共有は必須条件となっている（図表9-1）。

　ホスピタリティは語源から，「ホスト」と「ゲスト」との相互作用についての言及がしばしばなされてきた。しかし，実際の環境においては，ホストとゲストとを媒介する「キャスト」の存在が大きくクローズアップされることになる。多くのゲストに全社を挙げて個別的対応をすることは困難であるため，キャストを通じて対応し，関係を流動化，すなわちそこに媒介となる財の不安定性や社会的不確実性を許容したり，場合によってはあえて導入したりすることで，応用的サービスの実現とホスピタリティあふれる対応の実現とを図ることが可能となる。もちろんキャストはホストたる企業に属する，あるいはホストたるバック・オフィスからの指示を受けるのであるが，主たる目的を「ともに楽しむ空間を創る」ことに置き，そのような背景を意識させない環境づくりがなされると，この方向性は成功する。

　ここで，ホストとキャストとゲストにおける関係性をまとめておく。

図表9-1　　　　　　　　　　　　TDLにおける事例

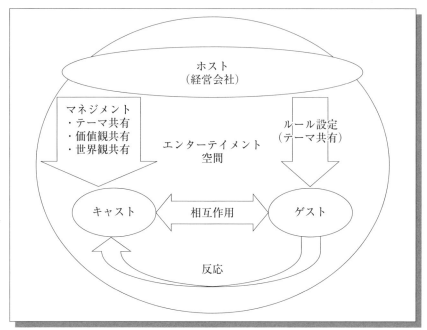

出典：著者作成。

①ホスト⇔キャストにおける関係のポイント：

　・テーマ・価値観・世界観の共有，行動規定の遵守，雇用規定の遵守

　・社会的知性の醸成サポート（関係性マネジメント力の醸成）といっ
　　たサービス提供に特有の関係

　・先行研究を踏まえた会計や人的資源管理といった「確実性の高い関
　　係構築」

②ホスト⇔ゲストにおける関係のポイント：

　・テーマ・価値観・世界観の共有，空間内ルールの遵守

　・ゲストが「知らないこと」，ゲストの「価値観を超えた事象」の提示

> 手法といったサービス関係諸論における先行研究を踏まえた「確実
> 性の高い関係構築」
> ③キャスト⇔ゲストにおける関係のポイント：
> ・「ともに楽しむ」といった目的共有
> ・安心保障関係を踏まえた相互信頼関係の構築へと向かう関係性マネ
>   ジメント
> ・それを踏まえた，顧客の期待を超える行動の意思決定をキャストが
>   行ないうる状況

　ここで気をつけて欲しいのは，③キャスト⇔ゲストの関係において，必ずしも媒介する財の不安定性や社会的不確実性を高める必要はない。特に顧客側の価値観や尺度で判断しうる取引対象が多い場合には，むしろ固定的な関係の方が効率性を高めることにも繋がる。一方でTDLにおいては，あえて取引の対象の不安定性や社会的不確実性を導入しているとさえ考えられるケースがある。これは，顧客の価値観や尺度を超えた満足の実現に対する志向が存在することや，キャストとの協働作業による新しい価値の創出も志向していることなどが大きな理由であろう。

第2節　トライアド・モデル

　この構造を一般化していくと，ホスト，キャスト，そしてゲストという三つの主体を有機的に組織内に配置し，それぞれの関係性をマネジメントすることで，組織自体の事情に合わせた形で社会的不確実性を制御し，ホスピタリティが生じるような構造が見えてくることになる。

　これまでの研究では，ホスピタリティの検討において，スタッフとお客様の関係，すなわちホストとゲストという二者間の関係における関係性のマネジメントについてのアプローチが中心であった。TDLの事例を通じて見えてきたことは，二者間の関係性のみに留まらず，三者間の関係性を前提とすることで，社会的不確実性を保ちつつ事業としてのマネジメントを成り立たせる可能性が生じてきたということである。

　具体的には，組織にバック・オフィスのホストとお客様であるゲストの他にフロント・オフィスの従業員である「キャスト」ともいうべき存在を置く。二者間では，

---

① 　確実性の高い関係

② 　不確実性の高い関係

のいずれかの選択であったものを，三者間にすることによってこの選択肢を三者間それぞれの三つの関係に適用することが可能となる。すなわち，ダイアドではなくトライアドで把握し，その配置によって，サービスの提供プロセス全体にわたる社会的不確実性をコントロールすることが可能となるのである[*3]。

　ただし，もちろんこの際には前提条件がいくつか存在する。例えば，三者それぞれが一定の価値観や尺度，あるいはテーマといった前提を共有していなければ，このような関係構築は不可能である。あるいは，社会的不確実性を導入した主体間においては，当然，関係構築のための情報や関係性マネジメントのための雰囲気の醸成などが必要となる。そしてもちろん，キャストのみならずゲストも，関係構築を志向する意図と能力が求められることになる。そのため，ゲストにそうした志向を持つ雰囲気を醸せるように，ホスト側やキャスト側でなんらかの対策をする

必要性が生じる。

　実際にはキャストもゲストも，ともに関係構築への志向が強いか否か
は事前には分からない。特にゲストの側はそうかもしれないが，そうい
う場合でもゲーム理論的なアプローチによって，コミットメント関係か
らホスピタリティ実現への道筋が開かれうる（詳しくは第8章）。

　繰り返すが，関係における社会的不確実性を生じさせるポイントとし
て，TDLにおいては会話に関しての自由度を高めることを中心に対応
している。固定的サービス提供プロセスにおいては，会話もあらかじめ
想定される顧客からの質問に対する返答を用意しておけばよい。あるい
はプロセスごとに決められた会話の内容をスタッフが話せるようにすれ
ばよい。要は，いわば「台詞」にしてしまうのである。こうすれば，最
大公約数的な対応として，多くの顧客に一定の品質のサービスを提供し
うるし，キャストのレベルに大きく左右されることもなくなる。

　しかし，ホスピタリティを実現するためには，キャストとゲストの間
では，社会的不確実性が高い状況で，場合によってはあえて高めつつ，
相互信頼関係を踏まえた関係からの満足と，そこから新たな価値が創出
される必要がある。ここでの，キャストとゲストとの関係性マネジメン
トこそ，これまで多くの書物において述べられてきたホスピタリティ・
マネジメントである。そして，こうした関係性を軸とした主体間構造を，
不安定性や社会的不確実性と価値観共有などと合わせてトータルのバラ
ンスを取りつつマネジメントすることが，これまで足りなかった視点で
のホスピタリティ・マネジメントである。

　つまり，三主体間の関係において，すべての関係の社会的不確実性を
減じることで，定型的なサービス提供が安定的に実現されるが，前提条
件を守りつつ，関係のうちのいずれかに社会的不確実性を導入すること

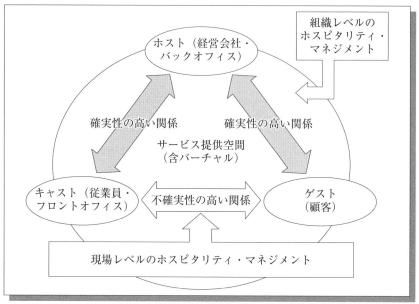

図表9-2 トライアド・モデル

出典：著者作成。

で，応用的なサービス提供とそれによるさらなる顧客の満足の実現，そして従業員側の満足の実現も図られるよう目指すことが，組織レベルで求められるホスピタリティ・マネジメントということになる。

　これを一般化したものが図表9-2である。サービスの提供側と顧客側という二者間でとらえるのではなく，キャストという存在を入れた三者間でとらえ，キャストとゲストとの間で取引されるさまざまな財の不安定性やそこから生じる社会的不確実性を含む関係性マネジメントを両者が目指すことによって，ホスピタリティが実現されることになる。この一般化された構造を，「トライアド・モデル」と呼ぶことにする。

　この中で，組織レベルのホスピタリティ・マネジメントで考慮される

べきポイントは，主体間の関係において，いずれを安定的な確実性の高いものにし，いずれを流動化させるか，すなわち不安定な不確実性の高いものにするかということになる。このような複数の主体間関係に対して，あえて不安定性や不確実性を導入することで，ホスピタリティを実現しつつ，事業として確実性の高いマネジメントが可能となる。

　まとめると，先行研究におけるサービス・エンカウンターにおけるさまざまなホスピタリティについての知見は，図表9-2の「現場レベルのホスピタリティ・マネジメント」ということになる。そして三主体間の関係性を，社会的不確実性の高低を軸としてマネジメントすることを，「組織レベルにおけるホスピタリティ・マネジメント」といい，これを含んでこそ，本当の意味での「ホスピタリティ・マネジメント」であるということになる。

注

＊1　本事例研究は，TDLに正式に取材を行なったものではない。小松田（2004），中村（2004）と東洋大学国際地域学部国際観光学科（2011年当時）の学生たちのアルバイト経験についての話を参考にしている。また，TDLが著者の提唱するモデルを意識してマネジメントを行なっているわけでもない。ここで提唱されているモデルは，あくまで他の研究やTDLでの事例について考察する中で，著者が独自にモデル化したものであることを断っておきたい。

＊2　もちろん，自社内での消費者の購買単価下落防止や，パーク内の雰囲気保持にも寄与している。

＊3　この根源にあるのが，芳賀（2005），久保田（2008）などに詳しいマーケティング研究におけるネットワーク分析である。

参考文献

久保田進彦（2008）「マーケティング研究におけるネットワーク・パースペクティブの現状と展望」『中京商学論叢』，中京大学商学会，pp.49-75。

小松田勝（2004）『ディズニーランドの「ホスピタリティ」はここが違う』経林書房。

徳江順一郎（2009）「ホスピタリティ概念・再考」『観光・余暇関係諸学会共同大会学術論文集』観光・余暇関係諸学会共同大会学術論文集編集委員会。

中村克（2004）『すべてのゲストがVIP　ディズニーランドで教えるホスピタリティ』芸文社。

芳賀康浩（2005）「マーケティングにおけるネットワーク～社会ネットワーク分析の示唆～」『季刊マーケティングジャーナル』第24巻第4号，日本マーケティング協会，pp.31-44。

第10章

現場レベルの
ホスピタリティ・マネジメント

10

Hospitality

Management

第1節 現場レベルにおける関係性マネジメントの事例研究

1　不確実性とお客様の反応

　不確実性をキーワードとした現場レベルのホスピタリティ・マネジメントについては，サービス提供プロセスにおける事前の条件によって制御することが可能である。当然，相互信頼関係の構築によるホスピタリティ実現のためには，事前に条件を固定しない応用的サービスが軸となる関係が前提となる。そして，その際には，不確実性は高まる。

　そこで，不確実性の高低によって，お客様の反応が異なるかどうかについて考察しよう。

　これまでの検討により，社会的不確実性が高い場合には，お客様は通常のベネフィットの他にも関係そのものからのベネフィットも享受している可能性が生じてきた。すなわち，お客様は事前に自身の欲求充足プロセスを決定している場合よりも，流動的に環境の変化に対応しつつ，サービス提供者とともに協働して欲求充足プロセスを構築する方が，より多くのニーズが満たされていると考えられる。このことを，実際に飲食店におけるお客様を分類することによって示したい。

2　料飲サービスにおけるサービス提供プロセス

　第6章において，料飲サービスにおけるカウンターの持つ特性と，そ

こで観察される「関係性マネジメント」について論じた。特に，わが国ならではの特徴として，このカウンターを活用して，現場で多様な応用的サービス提供を実現し，サービス提供側もお客様側も満足を得ていることが確認された。

　カウンターというのは，わが国の料飲サービス産業発展に対して，実に興味深い影響を及ぼしている。ここで改めて，カウンターの特徴をまとめておく。

　まず，カウンターとは，通常よりも長いテーブルであり，一般的にその一辺または二辺にお客様が座るものである。まれに三辺や四辺ともお客様が座ることがあるが，その場合でも，一辺か二辺は短いか，お客様とカウンターを挟んで反対側には，スタッフがいることになる。

　ここではまず，調理人やバーテンダーといった料理や飲料を作る人とお客様との直接的かつ継続的な，長時間の接点が生じることになる。通常の料飲サービス施設では，料理を最終的に提供するギャルソンやウェイターはお客様との接点があるが，料理人には直接的な接点がない。直接的かつ継続的な接点により，会話ができるのはもちろん，調理などのプロセスそのものも，お客様にとってはサービスの一環になる。

　また，料理などが完成し次第，すぐに提供することも可能である。寿司店や天ぷら店はカウンターの人気が高いが，これも理由の一つである。

　最後に，これも前に触れたが，お客様同士が実は相席にもなっている。通常のテーブルでの相席は嫌がられる傾向が高いが，カウンターではそれほどの抵抗感を生じない。

　この二つ目と三つ目の特徴も興味深い点であり，わが国の料飲サービス産業がカウンターの店舗を高価格施設に昇華させた理由を形成している。本書では，このうちホスピタリティに大きく影響を及ぼしていると

考えられる一つ目の特徴を軸として，事例を分析していく。

3 調査の概要

　都内某所に存在する飲食店Aは，小規模な店舗であり，お客様はリピーターが多くを占めている。なお，席数の半分はカウンターであるため，対面でのサービスが中心となる。

　この店舗のある年の売上データから，個人を特定できるデータを抜き出し，2回以上来店確認できるお客様の売上とのべ来店客数を抽出した。

　図表10-1は，その対象の記述統計である。370件のレコードが対象となった。対象となったお客様群の一件当たりの最大売上は45,000円，最少売上は1,000円，客数の最大は9名で，最少は0名である。この9名とは，1人の個人を特定できるお客様が8名を連れて来店したことを示しており，また，0名とは，同じ日の2度目の来店時が相当する。

　さて，この方々を，当該店舗の複数の従業員によってグループ分けをしてもらった。それは以下の通りである。

> グループ1：「基本的に自分の好みの注文する」グループ
> グループ2：「自分の好みのものを頼むこともあるが，店員にお任せで頼むこともある」グループ
> グループ3：「基本的に注文は店側にお任せ」のグループ

　これらの三つのグループを比較することによって，不確実性の相違による反応を把握したい。結果は以下のようになった。

| 図表10-1 | 飲食店Aにおける売上と客数 |

	度数	最小値	最大値	平均
売上合計	370	1,000	45,000	7,116.49
客数	370	0	9	1.44

注）ただし，個人を特定可能であったデータ分のみ。
出典：以下，本章内の図表はすべて著者作成。

4　顧客群ごとの売上と客数

　まず，これらの三つのグループごとに，来店時の売上と客数について調査した（図表10-2）。

　売上の平均は，グループ１が5,759円（金額に関しては小数点以下四捨五入，以下同様），グループ２が7,626円，グループ３が11,495円となった。また，客数の平均は，グループ１が1.22人，グループ２が1.65人，グループ３が1.74人となった。

　売上，客数，ともにグループ３がもっとも多く，グループ１がもっとも少ないという結果になった。特に売上の差は大きく，お任せで注文する場合の方が，より高い売上につながっていることが理解できよう。

| 図表10-2 | グループごとの売上と１組当たりの客数 |

顧客群	売上平均	客数平均
1	5,759.04	1.22
2	7,626.71	1.65
3	11,495.24	1.74

図表10-3　　　　　　　　　　　　　　分散分析

		平方和	d.f.	平均平方	F 値
売上合計	グループ間	1.188E9	2	5.940E8	14.779**
	グループ内	1.475E10	367	4.019E7	
	合計	1.594E10	369		
客数	グループ間	18.722	2	9.361	8.287**
	グループ内	414.586	367	1.130	
	合計	433.308	369		

注）＊：0.05水準で有意，＊＊：0.01水準で有意（以下同様）。

　念のため，これらを分散分析にかけたところ，図表10-3のような結果となった。売上と客数ともに１％水準での有意差が見いだされた。三つのグループには売上と客数とで有意な差があることが理解できる。

　すなわち，当該店舗においては，お任せで注文するお客様の方が，やや多人数での来店が見込め，より高い客単価（正確にはグループ単価）につながっていることが分かる。

5 　年間での結果

　しかし，このままではお任せで注文したお客様につけいって，高い飲料を売りつけたという観点も否定しきれないであろう。上記は２回以上の来店客を対象としているとはいえ，２回目に高価格だったために，それ以上のリピートにつながらなかった可能性が生じないとも限らない。

　そこで，個人ごとに年間の全来店時における実績について合計し，分析を加えた。図表10-4がその記述統計である。74名が対象となった。年間売上合計の最大値は137,500円，最小値は4,400円，客数合計の最大値

図表10-4　　　　　　　　　　個人の年間売上と客数

	度数	最小値	最大値	平　均
売上合計	74	4,400	137,500	35,582.43
客　　数	74	2	33	7.22
来店回数	74	2	18	5.00
客単価	74	1,250	17,500	4,774.86
1回単価	74	1,400	21,260	7,363.29
来店間隔	74	3.00	133	42.51

図表10-5　　　　　　　　グループごとの年間売上と客数

	種別	統計量		種別	統計量
売上合計	1	25,179.07	客単価	1	4,188.90
	2	48,527.27		2	4,934.62
	3	53,644.44		3	7,183.95
客　　数	1	5.35	1回単価	1	5,650.75
	2	10.50		2	8,879.08
	3	8.11		3	11,840.16
来店回数	1	4.37	来店間隔	1	45.99
	2	6.36		2	39.58
	3	4.67		3	33.01

は33名，最小値は2名となった。

　今回はさらに，年間の数字から導き出した来店回数と客単価，1回当
たりの単価，平均来店間隔も考察の対象に加えた。それらを，グループ
ごとにまとめたものが図表10-5である。

図表10-6　　　　　　　　　　　　　　分散分析表（年間取引）

		平方和	d.f.	平均平方	F値
売上合計	グループ間	1.128E10	2	5.638E9	5.814**
	グループ内	6.886E10	71	9.698E8	
	合計	8.013E10	73		
客　数	グループ間	394.384	2	197.192	6.463**
	グループ内	2166.156	71	30.509	
	合計	2560.541	73		
来店回数	グループ間	58.863	2	29.431	1.781
	グループ内	1173.137	71	16.523	
	合計	1232.000	73		
客単価	グループ間	6.756E7	2	3.378E7	7.015**
	グループ内	3.419E8	71	4.815E6	
	合計	4.095E8	73		
1回単価	グループ間	3.570E8	2	1.785E8	11.598**
	グループ内	1.093E9	71	1.539E7	
	合計	1.450E9	73		
来店間隔	グループ間	1523.232	2	761.616	0.782
	グループ内	69123.796	71	973.575	
	合計	70647.028	73		

　売上と客単価，そして1回単価において，グループ3がもっとも大きく，グループ1がもっとも小さくなっている。来店間隔については，グループ1がもっとも間隔があき，グループ3がもっとも間隔が短い。

　この結果も分散分析にかけた。図表10-6の通り，売上合計，客数合計，客単価，1回単価では有意となったが，来店回数と来店間隔では有意とならなかった。

　しかし来店回数にはそもそも傾向的な差がみられない上に，それぞれ

の平均が2ヵ月から3ヵ月に1回は来店していることを示しており，継続的な来店がなされていることがうかがえる。また，来店間隔についても中央値は3グループともほぼ同じであり，違いがない。

　すなわち，当該店舗においては，不確実性が高い環境である方が，客数はやや増加し，客単価は大きく増加することが理解できる。反面，来店間隔の短縮すなわち来店頻度の向上には，残念ながら必ずしもつながらないことも示された[*1]。

第2節　現場レベルのホスピタリティ・マネジメント

　このように，サービスにおいてはお客様に名指しで商品を注文してもらうのではなく，お客様とともに協働して，お客様の欲求を満たしうる商品やサービスを探索していくといったプロセスが講じられるような，不確実性が高い環境である方が，お客様のより多くのニーズを満たすことにもつながり，客単価の向上にもつながっていくことがうかがえる。例えば，あえてメニューを提示せずに，食べたい料理を，飲みたい飲料を，協働しつつともに探るといったオペレーションの可能性が広がる。

　一方で，来店回数の増加やその結果としての来店間隔の短縮には，不確実性の存在は必ずしも関係がない。むしろ，不確実性の存在は，客単価の向上や来店人数の増大に対しての好影響の方にのみ着目すべきであり，来店回数や間隔については，他の方策，例えばマーケティングにおけるコミュニケーション戦略などによって対応していくべきであろう。

　実は，相席により他のお客様との関係が生じる可能性も，不確実性を

形成していると考えられる。誰と会話できるか，事前には確定できないからである。

いずれにせよ，不確実性の存在によって，お客様側の満足が高まる可能性が垣間みえた。さらに，お任せでの注文に応じた際のお客様の満足に対して，サービス提供側も満足を感じることがある。つまり，このような環境においては，両者，つまり提供側とお客様側の関係によって新しい価値創出がなされているととらえられよう[2]。

こうしたアプローチ以外の「現場レベルのホスピタリティ・マネジメント」に関しては，先行研究においても書物においてもさまざまに示されている。こうした先行研究を，この「不確実性」という視点から眺め直してみるのも一興であろう。

注

　*1　当該店舗は，類似業態の中ではやや高価格帯に属する。このことから，マーチャンダイジング論などで示される，最寄品なら来店頻度の向上が望めるが，専門品ではそうもいかないという点との共通項も感じられよう。

　*2　サービス提供側の満足については，本書の第6章や徳江（2008）参照。

参考文献

徳江順一郎（2008）「飲食サービスとホスピタリティ」『高崎経済大学論集』第51巻第2号，高崎経済大学経済学会，pp.43-56。

徳江順一郎（2011）「不確実性を軸とした主体間関係性マネジメント─対面サービスにおける事例」『HOSPITALITY』第18号，日本ホスピタリティ・マネジメント学会，pp.121-130。

第11章

組織レベルの

ホスピタリティ・マネジメント

11

Hospitality

Management

第1節　組織レベルでの観点：旅館の現状と課題

　本章では，宿泊産業の事例を通じて，組織レベルのホスピタリティ・マネジメントを検討する。具体的には，日本固有の宿泊施設である旅館の変遷と，アジアを中心に急速な発展を遂げたスモール・ラグジュアリーとを比較する。いずれも，その土地ならではの魅力を活用した宿泊施設が増えてきているが，そこで展開される組織レベルのホスピタリティ・マネジメントを論じていく。

1　旅館の現実

　ホテルが順調に増加傾向であるのと対照的に，わが国固有の宿泊業態である旅館は，残念ながら減少の一途をたどっている（図表11-1）。

　軒数のピークとなる1980年前後は 8 万3,000軒を超え，客室総数のピークとなる1987年前後は100万室を超えていたが，旅館とホテルとを分けて集計していた最後の年となる2017年の数字は，それぞれ約 3 万8,000軒と約68万室になってしまっている。ホテルは 1 軒あたりの客室数が多いということもあり，軒数ではまだ旅館を超えてはいないが，客室総数は2009年にホテルが旅館を超えるに至っている。2018年からは「旅館・ホテル営業」として分けずに数えられるようになったため正確な数値は分からないが，減少傾向が続いているのは間違いない。

　旅館は，江戸時代頃に「宿泊業」として確立されたといわれる。街道沿いに定められた宿場や，療養のための温泉宿，社寺参詣の際に宿泊す

| 図表11-1 | 国内の旅館とホテルの軒数・客室総数推移 |

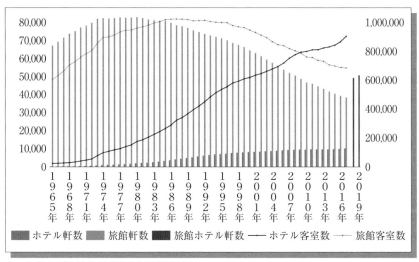

出典：厚生労働省「衛生行政報告例」。

る（宿）坊などである。これらは明治以降，交通機関の発展とともに変
化を余儀なくされたが，その中でも街道沿いの宿場は，徒歩から鉄道へ
交通が変化したことが大きく影響し，衰退の道を辿ることになった。

　他方，温泉地の宿は，引き続き療養目的の客層を中心に集客していた
が，第二次世界大戦後の「マスツーリズム」の時代に，「行楽や慰安」
を目的とした施設として大発展を遂げる。高度経済成長期以後，社員旅
行をはじめとする団体旅行が急増し，それを手がける旅行業との関係も
強化され，旅行業による団体の送客とその団体を受け入れるための諸施
設を揃えた旅館，というビジネスモデルが確立した。旅館側では，団体
客を収容するために木造建築をビルに建て替えて客室数を増やし，大型
バスが停められる駐車場を整備し，館内には各種の宴会場さらには食事
後のカラオケやスナックまで用意した。加えて土産物店もあり，一度旅

写真11-1　　　　　　　　鬼怒川温泉の廃墟群

出典：以下，本章内の写真は著者撮影。

館に入れば，あとは一切外に出ることがないようになっていった。その結果，温泉地では，巨大旅館の中は賑わっているものの，一歩外に出ると誰一人歩いていないといった光景がみられるようになる。

　軒数のピークと客室総数のピークにずれがあったことを思い出して欲しい。その理由の一つに，都市部の宿泊需要や料飲サービス需要を引き受けていた駅前旅館や割烹旅館などが，ホテルの増加に反比例して減少した一方で，温泉地の旅館が大型化していったという点が挙げられる。

　1980年代頃からは個人客，個人グループ客も増加していったが，1990年前後のバブル崩壊以降は，団体旅行が一気に減少してしまった。逆に，例えば山奥であったために大規模化できなかった施設などが隠れ家的な魅力を再認識され，この頃から人気を博すようになっていった。

　大規模化した施設の中には，集客に苦労するとともに資金繰りに窮するところも出現しはじめ，21世紀に入る頃から次々に破綻していくことになる。特に，1998年頃の金融危機以降は，それまで「延命策」的になされていた銀行融資も受けにくくなり，一気に状況は悪化していった。

写真11-2　　大江戸温泉物語グループが再生した「ホテルニュー塩原」

　2003年に栃木県に本拠を置く足利銀行が破綻した後，同県内の鬼怒川温泉では多くの有名施設が経営危機に陥り，一部の施設は再生したものの，現在でも廃墟の状態となっている施設も多い（写真11-1）。

　鬼怒川以外でも，熱海，加賀温泉郷など，全国の有名温泉地でも似たような状況となった。破綻した施設の多くは，2000年代に入ってから創業した，相対的に低価格な旅館チェーンが買収・再生している。平日はシニア，週末はファミリーを主たる標的市場とし，誰もが過不足なく食事を楽しめるようにブッフェ・スタイルを導入している（写真11-2）。

　他方，首都圏では箱根や伊豆，水上などを中心に，露天風呂付の客室を備えた旅館が増加し，こうした施設は（コロナ禍でも）なかなか予約が取れないほどの人気となった（写真11-3）。つまり，団体客から個人客へと移行し，プライバシーを重視する客層も多くなってきているということである。特に，コロナ禍の時代においては，他のお客様と顔を合

写真11-3　湯河原「懐石旅庵 阿しか里」の部屋付き露天風呂

　わせないで済むことも，価値としてとらえられているようである。

　まとめると，旅館は，伝統的な日本建築を楽しめる旅館の他に，チェーンとして展開される相対的に低価格の施設と，個人客向けにプライバシーを重視した施設とに大別されるようになってきている。

　チェーンの施設は「行楽や慰安」が目的の市場セグメントを主たる標的としているため，従前の大型旅館とは施設構成が大きく異なっているわけではない。しかし，それ以外の施設は，その施設が立地する地域の特性など，その「土地の文脈」を重視している。具体的には，敷地内の雰囲気づくりから建築に至るまで，そして料理はもちろん，従業員の接客スタイルまで，その土地を感じられるようなさまざまな工夫をしている。これは，過去の大規模施設における「行楽や慰安」のための施設とは大きく異なっているといえよう。

2　旅館におけるサービス提供上の問題点

　旅館が減少傾向となってしまった現状に対して，前項で指摘したマクロ視点だけでなく，個別的にもさまざまな問題点が指摘されてきた。ここで，こうした問題点について，サービス面，施設面，料理面のそれぞれから整理しておくこととする。

　サービス面では，「仲居」という特定のスタッフに偏った接客に対して，お客様側の「距離感」に対する感覚の変化が，大きな影響を及ぼしている[*1]。仲居のサービスに対する感覚は，一朝一夕に変わるものではないため，特に若い世代を中心に，あたかも自分たちの占有空間に土足で上がりこんでこられるような感覚を持たれてしまう可能性がある。自分の親が勝手に自分の部屋に入ることにさえ抵抗感がある世代にとっては，全くの他人である仲居が自分たちの占有空間に入ってくるということには，抵抗感が大きいだろう。とはいえ，仲居とのやり取りを楽しみにしている客層も存在する。そのため，まさに，「関係性マネジメント」の視点が必要とされている。

　また，仲居は業務内容の特性上，朝食と夕食のサービスが必要で勤務形態が特殊なものになりやすい。すなわち，朝早くからはじまり夜遅くまで続く勤務の途中に，「中抜け」と呼ばれる，お客様が帰ってから次のお客様がお越しになるまでの数時間の休憩が入るという形態である。これはプライベートの時間に対する負担が大きく，人材獲得面でも難が生じやすい。

　さらに，画一的・定型的なサービス提供に対する不満も存在する。後述するような食事の画一性についてもそうであるが，お客様側の個別的な事情を無視したサービス提供も見受けられる。群馬県老神温泉のある

旅館では，チェックアウトを朝10時としているにもかかわらず，9時にはメインのボイラーを止めてお湯の供給をストップしてしまう。そのために遅出の客は，チェックアウト直前にシャワーを浴びるといったことができない。この理由について，当該旅館では「ほとんどのお客様が9時にはチェックアウトするので…」というが，これこそまさに「旅館側の事情」に合わせた，画一的かつ定型的サービス提供のいい例であろう。

　次に施設面では，「部屋出し」と呼ばれる食事をする場所が食後に寝る場所にもなるという環境が，現代の感覚では微妙なものとなりつつある（一方で，それをむしろ望む客層も存在することが問題を複雑化している）。かつての日本家屋では，卓袱台で家族揃って食事をしたあと，食事を片づけると卓袱台も片づけ，そこに布団を敷いて皆で寝るというライフスタイルであった。しかし，現代では多くの家ではダイニングルームにテーブルを置き，寝室はそれぞれが別の部屋を持っているのが当然である。そのようなライフスタイルに対して，この施設利用法はマッチしにくいものとなってしまった。こうしたことから，近年は別途，食事処を用意するケースも多くなってきているが，今度は「部屋出し」を望む客層からのクレームにもつながってしまう。

　そして，団体客の減少とともに，宴会場は空きスペースとなっているのが現状である。宴会場の新しい利用法も検討する必要があるだろう。

　食事についても，地域性を感じられない画一性の高いメニューセレクトや，事前の食事時間の決定，お仕着せの決まった料理が提供され，客側での選択ができない点なども，現代の客層には受け入れがたくなってきている。いまだに海から遠い山の中に立地しているにもかかわらず，マグロ，甘エビ，烏賊の3点盛の刺身が供される旅館も存在する。

　確かにかつてはこうした刺身は「ハレ」（＝非日常）の食事に欠かせ

ないもので，そういった雰囲気の演出のためには仕方のない面もあった
のかもしれない。ところが，全国の津々浦々で安価に刺身が食される環
境が整った現代においては，このメニューはむしろ競争力を持ちえない。
本来であればその土地ならではの特産物を用いた料理を提供することに
よって競争力を向上させるべきであろうが，旅館側で周辺の来訪客から
クレームが来るといった理由を掲げて，こうした産品の提供を躊躇して
いるケースが散見される。現代的感覚のもとで地元の食材を調理するこ
とによって，「ハレ」の演出はいくらでも可能である。

　さらに，館内でのなんらかのイベントによる非日常感の演出も，今で
は時代遅れの感が強い。毎年数十万人を集める「麻布十番祭り」のよう
に，特に神輿や山車が出るわけでもなく，地元の商店の露店が出店する
だけのまつりが大いに賑わう一方で，昔ながらのコミュニティのまつり
には地元の人さえ見向きもしないという状況は，特に都市部ではまつり
そのものへの見方が大きく変化してきているということを示している。

　加えて，アミューズメント要素では，館内に「スナック」のような施
設を抱え，そこでカラオケに興じてもらうのも，日常の延長に過ぎなく
なってしまい，最近はあまり受け入れられにくいものとなりつつある。

　和室というわが国固有の文化における生活，家父長制に則った求心力
の強い家族形態，海産物を頂点としてそこから派生する食事に対する見
方，まつりに代表されるハレの機会との接点，こうしたかつては「当た
り前」であった生活習慣や生活スタイルが，現代ではもはや一般的なも
のではなくなってきつつある。もちろん，だからこそ非日常感の醸成に
もつながるのであるが，もしそのまま再生産しているだけであれば，旅
館が培ってきたサービス提供プロセスには，時代遅れとなりつつある要
素があるのも仕方ないのかもしれない。

第2節 スモール・ラグジュアリーにおける ホスピタリティ

1 スモール・ラグジュアリーの概要

実は1990年前後まで，ここで論じた旅館の状況と同じような事態は，世界のリゾートでも観察されていた。

その頃までは，ハワイやフロリダなど，海を主軸としたマリン・リゾートが主流で，そういった場所にある施設は，ほとんどが大規模であった。中には，「メガ・リゾート」と呼ばれる巨大な施設も存在した。しかし，アジアで誕生した小規模リゾートはこれらと一線を画す方向性を志向しており，日本の旅館にも大きな影響を及ぼしたと考えられる。

本来的に，"resort" とは「〜へしばしば行く，いつも行く（go often）」という意味で，特定の季節・時期に習慣的に繰り返し訪れる場所のことであるが，実際的には，以下が「リゾート」ととらえられる。

> ある一定期間の滞在が可能で，かつその場所に行くことそのものが
> 目的となり得る，日常生活とは異なる環境にある施設

こうしたリゾートのうち，1990年前後に出現してきたのが，アジアの「スモール・ラグジュアリー」といわれる，小規模で細やかなサービスを提供する施設である。これらはそれまでのリゾートが別棟（タワー棟などの名称がついていることが多い）で対応してきたような，高価格でも細やかなサービスを欲する客層のみを一つの施設で対応している。

　アマンリゾーツ，バンヤンツリー，シックスセンシズといったチェーンがその代表格で，それまでのリゾートとは一線を画している[*2]。近年，アジアを中心として展開されているスモール・ラグジュアリーは，ほとんどが同様の戦略を志向し，類似の市場セグメントをターゲットとしていると考えられる。

　いずれも，多くても100室にも満たない規模であるが，1室がきわめて広い専有面積を持っており，ほとんどの場合，専用のヴィラ形式となっている。広さは，専用の庭を含めて100㎡以上あり，専用のプールやジャグジーを備え，価格はUS\$500以上が最低ラインの目安である。

　設備はいずれも最新鋭のものを備えている一方で，立地は多様である。最近は都市部にも展開されるようになったが，中にはとても不便な，いわば「辺境」とさえ感じられるような場所にもある。実際，標高3,000m以上の高地や，そのリゾートのみの島，道が一切なく専用の船か航空機でのみアクセス可能な場所などに立地していたりする。

　プールや一部のスポーツ施設も付帯するが，ゴルフやテニスのように大がかりな設備を用いたアクティビティはあまりない。アクティビティ・メニューには近隣のトレッキングや自然の観察，あるいは地元の民族舞踊の見学といった素朴なものが並んでいる。

　建物は地元の伝統的な建築様式で建てられることが多く，半屋外のスペースや，あえて空調のない部屋を設けて，その土地の空気に触れられるようにしているケースもある。また，環境に配慮した運営をしていることも多い。

　こうしたリゾートは当初，東南アジア，それもインドネシア，マレーシア，タイ，ベトナムなどに出現したが，初期に多く開業した場所として，インドネシアのバリ島，タイのプーケット島が挙げられる。バリは

1920年代から1930年代にかけてヨーロッパで注目されるようになったが，本格的に発展したのは1950年代以降のことである（松園（2002），pp.73-74）。プーケットは1980年代以降となる。

　その中でも1988年，タイのプーケットにアマンプリ（写真11-4）を開業してから，バリ島を中心としたインドネシアにも展開し，その後は世界展開を果たし，世界を代表するスモール・ラグジュアリーとなったのがアマンリゾーツである。創業者であるチェコ系インドネシア人のエイドリアン・ゼッカ氏は，プーケットやバリ島の自然や民俗をきわめて重視したリゾートを展開した。そのため，それまでのリゾートにはみられなかった，その土地の風土や自然環境との触れ合いが中心となるリゾートとなったのである（松園（2002），pp.74-76）。

　このような方向性は，他のスモール・ラグジュアリーにも共通してみられる。特にバンヤンツリーとシックスセンシズは，アマンと同様にその土地の風土や自然環境との触れ合いをきわめて重視した考え方をしている*3。これらのリゾートではさまざまなホスピタリティあふれるサービスが展開され，日本の旅館にも影響が及んでいる。単なる「良い」サービスに留まらない，その土地ならではの経験を含めたものが，商品として，かなりの高価格で提供されているのである。

　1990年代までのわが国では，1泊1人50,000円を超えるような高価格を実現している施設は一部のいわゆる「高級旅館」に見られる程度で，特に世界的なプレゼンスを持ちうる施設は存在しなかった。また，こうした旅館において差別化の根拠となっているのは，客室の広さのみであることも多く，それ以外ではほとんどの場合，料理の質や内容であり，特に既存の旅館との根源的な差別化が目指されていたわけではない。

　そこで，スモール・ラグジュアリーがどのようなものか，それらの実

　　　　　　　　　アマンプリのエントランス

例をいくつか紹介して，そこで展開されている組織的ホスピタリティについて考察してみたい。

2　Aman Resorts

　アマンリゾーツは前述したように，1988年にタイのプーケットに「アマンプリ（Amanpuri）」を開業したのがスタートである。ただし，ここはもともとリゾートにする予定で購入されたのではなく，創業者のエイドリアン・ゼッカ氏が友人たちと楽しむ別荘を建てるつもりで入手した場所であった。

　それまでになかったスモール・ラグジュアリーということで，これが一部の「セレブ」の間で大評判となり，早くも翌1989年にはバリ島に「アマンダリ（Amandari）」，1992年には「アマンキラ（Amankila）」が開業している。1軒の施設ができてから立て続けに，かつ他国に施設が展開されるといったことも，それまでのホテル業界ではあまり考えられないことであった。しかも同じバリ島に，この2軒を含め，3施設も同時期に開業していることが，アマンリゾーツの特徴を示しているといえる。

　いずれも，客室数は40室程度に抑え，全て独立したヴィラとなっている。特筆すべきは，その「土地の文脈」をさまざまに取り入れたサービス提供を実現していることで，一例としては，地元の子供たちによるウェルカム・セレモニーや，地域の伝統舞踊の披露が挙げられよう。

　その場所でなければ得られない体験を提供することで，アマンリゾーツは非常に高額な料金を実現した。いずれも，日本円にして約10万円を下ることはない（2019年11月時点）。

写真11-5　　　　　　　　　　**アマンプリのメインプール**

写真11-6 アマンダリのメインプール

写真11-7 アマンキラのメインプール

写真11-8　アマンダリで踊りを練習する子供たち

写真11-9　アマンキラで出迎えてくれた子供たち

3 Six Senses

　シックスセンシズは，もともとはインド系英国人のソヌ・シヴダサニ氏とその妻，エヴァ・シヴダサニ氏とが，理想のリゾートを目指し1995年にモルディブに「ソネヴァ・フシ＆スパ」を開業したのがはじまりである。その後アジア各地を中心にリゾートを開業した。

　2012年に同社は米国のペガサス・キャピタルに売却されたが，ソネヴァのリゾートとブランドについてはソヌ氏とエヴァ氏がそれまでどおり経営していくことになった。すなわち，創業の施設であるモルディブの「ソネヴァ・フシ」と2009年に開業したタイの「ソネヴァ・キリ」，2016年に開業したモルディブの「ソネヴァ・ジャニ」の3施設である。

　売却された施設のうち，モルディブのソネヴァ・ギリのみシンガポールのHPLホテルズに買収され，「ギリ・ランカンフシ」と名称が変更された。それ以外は引き続き「シックスセンシズ」としてチェーンが保持されている。

　各施設の特徴としては，エコロジーを前面に出し，アメニティにいたるまで自然環境保護に配慮している点が挙げられる。建材も可能な限り廃材を活用し，シャンプーやソープは詰め替えで，ニュースレター類はリサイクル・ペーパーを用い，レストランで使う野菜・香草類はリゾート内で有機栽培している。こうした功績が認められ，「グリーン・アワード」，「グリーン・リーフ・アワード」をモルディブ共和国から授与された。一方で他社同様，人的サービスには非常に力を入れている。

　「シックスセンシズ・ニン・ヴァン・ベイ」（旧：エヴァソン・ハイダウェイ・ニン・ヴァン・ベイ）は，ベトナムのニャチャン湾に2004年開業した。ホーチミンから飛行機で1時間強の，近年観光客が増加したニャ

写真11-10　シックスセンシズ・ニン・ヴァン・ベイのヴィラ外観

　チャンから，さらに船でのアクセスが必要で，日常からの逃避，自然との共生を強く打ち出し差別化を図っている。

　全53室の客室はすべてプライベート・プール付のヴィラであり，その広さは154㎡～271㎡，価格はUS$550～US$1,800（2016年時点）と非常に贅沢な設定となっている。一方で客室の作りは一見とても簡素で，外と中との境を意識させないような造りである。

　料飲サービス施設はレストラン２軒とバー１軒のみであるが，敷地内の畑で無農薬栽培された野菜や香草がふんだんに用いられたベトナムを感じさせる料理の数々が並び，やはりアジアとの「フュージョン」料理

写真11-11　シックスセンシズ・ニン・ヴァン・ベイのヴィラ2階

となっている。アクティビティには広大な敷地内でのサイクリングやヨ
ガなどのほかに，サンセット・クルージングで地元の漁師の漁の模様を
見学することもできる。

　もう1軒，「シックスセンシズ・ジギー・ベイ」は，アラブ首長国連
邦のドバイから車で2時間，オマーンの飛び地であるムサンダム半島に
位置している。ドバイ周辺は砂漠のイメージが強いが，この地は岩山が
どこまでも続いている。

　岩山の峠を抜けると，やっとリゾートが見えてくる（写真11-14）が，
実は希望すればこの写真の場所からパラグライダーで滑空してのチェッ
クインも可能である。

　約80室ある客室には全てプライベート・プールが付いており，非常に
広いスペースが取られている。周辺の石を積み上げて作られており，ま
さに遠くオマーンまで来たという気分にさせてくれる。巨大な岩山に囲
まれての滞在は，他では経験できないここならではのものといえる。

写真11-12 シックスセンシズ・ニン・ヴァン・ベイの農園

写真11-13 シックスセンシズ・ニン・ヴァン・ベイのアクティビティ

写真11-14　シックスセンシズ・ジギー・ベイ遠景（写真中央）

写真11-15　シックスセンシズ・ジギー・ベイのヴィラ

4 Banyan Tree

「バンヤンツリー・ホテルズ＆リゾーツ」は，香港のホー・クオン・ピン氏と妻のクレアー・チャン氏が，1994年にタイのプーケットにオープンしたのがはじまりである。彼らは若い頃に新婚生活をスタートさせた「バンヤンツリー湾」が汚染されるのを目にし，エコロジー精神を実践したリゾートを創り上げた。天然素材のオイルを用いてアジア各地の多様なスタイルのスパ・リラクゼーションを提供することで評判となり，スモール・ラグジュアリーにスパを定着させる嚆矢となった。他のリゾートがまだあまり進出していなかった時代にいち早く中国に進出したことも特徴で，世界遺産・麗江と香格里拉に施設がある。

麗江の街並みは水路に囲まれた美しさで有名であるが，2006年に開業した「バンヤンツリー麗江」も各ヴィラの周囲に水路をめぐらせている。さらにヴィラの建築にも麗江の特徴である瓦が多用され，やはりその土地の意匠が取り入れられている。

ヴィラは非常に広い占有面積を持ち，標高2,400mの高地のため，プライベート・プールではなくプライベート・ジャグジーがついている。

施設内には中華料理のメイン・ダイニングとややカジュアルなオールデイ・ダイニング，そしてバーがある。そこで提供される料理はそれほど麗江の特色を強く出してはいない。ここでは麗江の旧市街に観光に行くお客様が多いため，麗江の「文脈」はハードに重点を置いている。

同じバンヤンツリーでも香格里拉（仁安）の方は，チベットの「文脈」をハード・ソフトの両面にわたって最大限に表現しようとしている。現地採用の従業員たちは，チベット語を日常的に会話に用いる。建築はもちろんチベット独特のもので，レストランで提供されるHot Potもチベ

写真11-16　世界遺産・麗江の街並み

写真11-17　バンヤンツリー麗江のロビー中庭

写真11-18　バンヤンツリー麗江の敷地内

水路もあり，まるで麗江の街並みそのまま

写真11-19　バンヤンツリー麗江のヴィラ全景

写真11-20　　　　　　　　バンヤンツリー仁安

ット料理がベースとなっている。さらに電力事情の問題もあり，しばしば停電もしてしまう。標高3,300mと非常に高い場所にあるため，各ヴィラには酸素ボンベも用意されている。

　アクティビティは場所柄トレッキングが中心となる。しかし古き良き日本の田舎の風景のような中を，水牛やヤギ，馬がゆっくりと歩いてゆくのを眺めながらのトレッキングは他の土地ではなかなか味わえない。もちろんチベット文化に触れるためのツアーも用意されている。

　対照的な２軒のバンヤンツリーではあるが，どちらもなるべくその土地の「文脈」を表現しようとしている点は共通している。さらに従業員はほとんど現地の人間であるため，あまり英語が堪能でないスタッフも多いのであるが，彼らはそれをホスピタリティ精神で補って，精一杯，われわれに楽しんでもらおうとする気持ちは非常に伝わってくる。

写真11-21 バンヤンツリー仁安の客室棟とトレッキングコース遠景

5 スモール・ラグジュアリーにみられる共通項

　7軒のスモール・ラグジュアリーを紹介したが，いずれにも共通して
いるのが，その土地の良さを最大限に引き出した施設と，その土地でし
か味わえない料理を含むサービス・デリバリー・システムを構築し，そ
れを，その土地出身の従業員たちが中心となってお客様に提供しようと
している点である。特に着目すべきはシックスセンシズ・ニン・ヴァン・
ベイとバンヤンツリー仁安で，いずれもいわゆる「完璧な」サービスの
提供が必ずしも目指されていなかったという点である。

　シックスセンシズでは，あえて虫の駆除をあまりしないようにしてい
た。それは，その土地にもともと生息していた虫さえも，その土地の文
脈に位置づけて味わってもらおうとの考えによるとのことである。もち
ろん寝室は空調完備で虫なども見当たらないが，それ以外の部屋は壁さ

えない現地の建築手法で建てられている。昼寝をしたい場合には，蚊帳を使うことで虫の害から身を守ってくれとのことである。

　また，バンヤンツリーでは，なにより大変な高地であるために，酸素が薄く息苦しさをも覚えるが，そのような環境でのスタッフの心遣いは，そういう土地で生まれ育った人ならではといえる。可能な限り酸素ボンベは使わず，ゆっくりと歩き，ゆったりと過ごして欲しいとのアドバイスは興味深かった。

新しい旅館の方向性

1　スモール・ラグジュアリーとの共通項

　以上のようなスモール・ラグジュアリーをモデルとしつつ，わが国の事情に合うように修正を加えたものは，いわば「和」リゾートと呼べるだろう。こうした「和」リゾートにはいくつか共通項が見いだせる。それらは，スモール・ラグジュアリーとも共通しているものもある。

　まず，共用スペースは，これまでの旅館にありがちだった「コーヒーラウンジ」のような施設ではなく，その土地のことが書かれた本を中心にコレクションされたライブラリーや，音楽を聴きながらゆったりと飲み物を楽しむスペースが中心である。

　そして，客室では寝るスペースと寛ぐスペースとを完全に分けるのが当然であり，旅館でありながらベッドが置かれるケースも多い。そして，

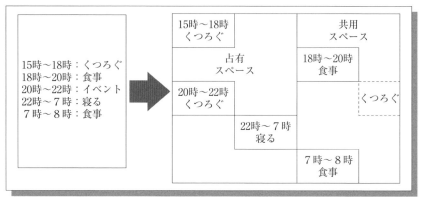

出典：著者作成

　その地域をふんだんに感じられるような造りになっている。

　さらに，食事をとる場所も別になっていることが多く，そこにも必ず地域性を盛り込んでいる。

　特筆すべきは料理の素材で，地元で採れたものを極力使うようになっている。極端な例では，自社の敷地内での食料自給率が８割以上という施設も存在する。

　こうした取り組みは，お客様が滞在中の時間軸を，サービスが提供されている，すなわち滞在中におけるお客様の，その時々のニーズや欲求で細分化して，多様な空間を細分化された時間で専有できるようになっているということを意味している（図表11-2）。それとともに，とことんその「土地」にこだわることで，来訪意欲の喚起にもつなげている。

　かつての旅館は（いまでも多くがそうだが）食事をする場で寛ぎ，さらにそこに夜になると布団を敷いて寝る，というスタイルであった。こうした施設利用法の変化は，消費者の家でのライフスタイルの変化を踏

まえたものであると考えられる。

　ホテルでもしばしば，二つの客室の壁を取り壊して，新しく大きな客室が設定される。しかし，こうした「和」リゾートのような客室の広さは根本的に考え方が異なっていることに注意が必要である。簡単にいえば，広い「ツインルーム」を用意するのではなく，居住空間と就寝空間とを分けた「スイートルーム」が基本ということである。そして，その前提が，利用するシチュエーションの相違ということになる。

　客室内の細かい点では，内湯以外の専用露天風呂の存在や，洗面所のダブルシンクが特筆される。専用露天風呂はプライバシーを重視する昨今，必須に近い存在となりつつある。また，ダブルシンクは自分たち専用の設備に対するニーズと，女性のみならず，男性も鏡の前での占有時間が長くなる傾向にあるという状況に対応している。

　他の特性としては，辺境といえるようなロケーションやそこから派生的に生じる自然環境の重視，高額な料金と割引をしない価格政策，少ない客室数と多くのスタッフ，地元の人間の雇用，といった特徴が挙げられる[4]。こうした要素から導かれることは，その土地の持つ魅力を最大限にアピールし，それを地元の魅力を最大限に理解している人間を通じて感じてもらうことこそに，大いなる価値が置かれている点である。

写真11-22 箱根強羅「白檀」のロビー

写真11-23 箱根強羅「白檀」の客室：左奥に露天風呂も付いている

写真11-24　　扉温泉「明神館」の客室：地域の素材をとことん使用

写真11-25　扉温泉「明神館」のレストラン：ガラステーブルの下は地元の木

写真11-26 鹿児島「天空の森」の畑を見晴らす席：ここで採れた野菜が食卓に

写真11-27 豊かな自然に囲まれた鹿児島「天空の森」の露天風呂

2 「和」リゾートにおける関係性マネジメント

　これらの事例を通じて明らかとなるのは，定型的サービスを多数揃え，ありとあらゆるニーズに応えうる巨大旅館・リゾートとは異なる存在としての「和」リゾートの姿である。かつて主流であった旅館・リゾートの形態は，ジェットスキーやヨット，モーターボートなどのマリン・スポーツや，スライダーの設置やイルカも泳がせるなど，さまざまに趣向を凝らしたプール・ラグーンの存在に象徴されるように，来客にとってのさまざまな観光ニーズをすべて満たす方向で資源展開がなされてきた。そのもっとも典型的な例は，ハワイを中心としたメガ・リゾートであり，こうした施設とスモール・ラグジュアリーや「和」リゾートの方向性は全く異なるものである*5。巨大な旅館やリゾートでは，ありとあらゆるアミューズメント関連の施設を取り揃え，どのようなニーズにも応えうる体制を構築している。

　このような旅館・リゾートには巨額の資金が必要であり，地域の小規模な施設では競争にならない。しかし，その土地ならではの魅力をうまく演出することで，その土地に行くことにこそ価値を見いだす客層も存在する。もちろん巨大旅館・リゾートとは市場規模も全く異なるが，ニッチ市場の開拓に成功しているといえる。特に巨大な施設がもっとも苦手とする全顧客に対する個別性の高い対応については，この方向性はきわめて対応しやすいものである。特に，顧客の日常との乖離が大きければ大きいほど，それぞれのお客様と土地の文脈との関係性は多様になり，不確実性も増大する可能性が生じるため，個別の人的対応によってその間隔を埋める必要が生じてこよう。

　ただし，勘違いしてはいけないのは，例えば食事についていえば，地

元の特産品をただ出せばいい，というものではない。地元の特産品を，現代の感覚にマッチする形でアレンジして提供してこそ，大きな価値が生じるのである。施設も現地の建物をそのまま使うのではなく，やはり現代の感覚にマッチするようにアレンジしなければならない。こうした「職人」の要素が垣間みられる部分については，思い切ってすべて現場に任せてしまうということも重要である[6]。

　以上を踏まえると，「和」リゾートが目指している方向性は，そこに来訪するお客様が，現地の自然，そしてその自然がはぐくんできた土地の文脈や特産品，その土地の人文遺産などの観光資源と，いかに良好な関係を構築するかをサポートすることにあると考えられる。お客様の日常はほとんどの場合その土地の文脈とは大きく異なる。また，そのお客様はそれぞれ，多様なセグメントで構成されていよう。このような状況において，旅館・リゾートの側はお客様と観光資源との不確実性の高い関係をうまくマネジメントする必要が生じる。その意味においては，その土地の魅力をもっともよく知っている従業員，すなわち地元の人間がスタッフとして接客することが理想的である（地元の人間だけでも難しいが）。つまり，こうしたスタッフは，土地の文脈を翻訳してお客様に伝えるメディアとしての役割を担っていることになる。そしてその背景として，彼らにはそういった共通認識が浸透している必要がある（図表11-3）。

　まとめると，以下のようになる。その土地の持つさまざまな「資源」には，自然環境のように不安定なものも存在する（例えば，オーロラ観光と銘打っても見られないこともある）。そのため，お客様：ゲストとの関係としてみると不確実性が高いことになる。しかし，こうした諸資源と地元出身の従業員：キャストは，ある程度は確実な関係がある。な

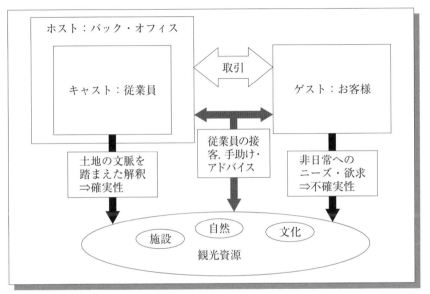

図表11-3 リゾートにおける関係性マネジメント

出典：著者作成

ぜならば，地元の人間こそがその土地のことを一番よく分かっているからである（逆にいえば，分かっている人間の採用が前提となる）。そして，ホストとなるバックオフィスが，それぞれの主体との確実な関係を築くことで，ビジネスとして遂行することを可能とする。

　ゲストにとって不確実性が高いその土地の諸資源との仲介役をキャストがすることで，その時々の変化に合わせてゲストに対応することも可能となる。さらに，不確実性の存在によって，ゲストには（そしてキャストにも）ホスピタリティを感じてもらうこともできる。すなわち，新しい価値が創出されるといえるのである。

注

＊1　仲居のサービスに対するコミットについてはさまざまな意見があるだろうが，チェックインからチェックアウトまで，到着時の出迎えと出立時のお勘定ならびに見送りを除けば，一組の客に対してただ一人の仲居のみの接客がなされることも多い。このようなサービスを提供する業態は，他のサービス産業においては，特に長時間のサービス・エンカウンターが生じる場合ほとんど見られない。

＊2　徳江（2008a），p.132，寺田（2006），pp.107-142を参照。

＊3　徳江（2008a），pp.133-135に両者の事例を紹介している。シックスセンシズはベトナムの，バンヤンツリーは中国少数民族の居住する地域の，それぞれ立地を活かした施設・サービス構成をとっている。

＊4　松園（2002）にはアマンリゾーツを例に10の要素が挙げられており（p.75），ここではその中で特に本章と関係が深いと思われる項目を抽出した。

＊5　徳江（2008a），pp.131-132，pp.135-136にアジアン・リゾートとメガ・リゾートの相違点について詳述している。

＊6　松園（2002），p.75にアマンの例がある。

参考文献

内田彩・山中左衛子（2020）「第10章　日本における宿泊産業の歴史」『宿泊産業論―ホテルと旅館の事業展開―』創成社，pp.136-149。

寺田直子（2006）『ホテルブランド物語』角川書店。

徳江順一郎（2008a）「リゾート・ホテルの変遷」『日本地域政策研究』第6号，日本地域政策学会。

徳江順一郎（2008b）「飲食サービスとホスピタリティ」『高崎経済大学論集』第51巻第2号，高崎経済大学経済学会，pp.43-56。

徳江順一郎（2021）『アマンリゾーツとバンヤンツリーのホスピタリティ・イノベーション』創成社。

松園俊志（2002）「アマン・グループのスモール・ラグジャリー・ホテルが，バリ島のリゾート開発に果たした役割とHIS」『観光学研究』第1号，東洋大学国際地域学部国際観光学科。

第12章

トライアド・モデルの拡張

Hospitality Management

ブライダル産業の事例研究

1 ブライダル産業の現状

　ここまでの議論で，主体間の関係性マネジメントという観点からまとめられた組織レベルのホスピタリティ・マネジメントは，関係を媒介する対象の不安定性や，その結果から生じる関係における不確実性がポイントとなることが確認できた。

　ところで，「一生に一度」の「もっとも高価な消え物」である購買とはなんであろうか。多くの人にとっては，結婚にまつわる諸儀礼・儀式がそうである。その点からすると，ブライダルとはきわめて不確実性が高い購買となる。そこで，本書の最後に，前章で議論した宿泊施設の例に加えて，ブライダルの事例も検討し，同様の主体間関係の拡張を試み，拡張したトライアド・モデルも含む一般化を検討する。

　実は，2020年以降の新型コロナウィルス蔓延によって，料飲サービス産業とともにもっとも大きな影響を受けたのがブライダル産業であった。一度に大勢の人々が集い，飲食をともにする形態は，真っ先に自粛要請の対象となった。また，伝染性が非常に高いことも，かなり前からの予約や手配が必要なビジネスには厳しい状況となった。そのため，今後のブライダル産業は大きな変化を余儀なくされることが予想される。

　そのためにも，従前のホスピタリティ・マネジメントの考え方のみならず，トライアド・モデルのような新しいツールも導入することで，産

業における問題点やマネジメント上の課題抽出も目指し，将来の変化に対応していくことが求められることになる。

2　ブライダルを取り巻く環境の変化

　ブライダル産業における関係性を検討する前提として，業界を取り巻く環境についてまとめておく。

　まず，ブライダル産業に直接的な影響を及ぼす要因として婚姻件数が挙げられよう。そもそも結婚してくれるカップルが存在しなければ，ブライダル産業の成り立ちようがない。最近のわが国では「晩婚化」や「非婚化」が進んでいるといわれるが，果たしてその通りなのであろうか。

　厚生労働省による人口動態統計によると，婚姻件数は，1972年に過去最高の1,099,984組を記録したが，2018年以降は60万組を切るようになってしまっている。特に，新型コロナウィルスの蔓延があった2020年は，52万組にまで落ち込んでしまっている（図表12-1）。

　ここで，婚姻率が最高だった①1947年前後と婚姻件数が最高だった②1972年前後に，約25年をおいて二つの波が生じていることがすぐに分かる。つまり①の婚姻にともなって生まれた「団塊の世代」が，②の頃に結婚適齢期を迎えたと推測できる。しかし，その際に生まれた「団塊ジュニア」世代の波が③1997年頃に来るはずであったが，やや増加した程度で終わってしまっており，かつその「やや増加」が，1990年代から2000年代にかけて長く尾を引いたことが理解できよう。

　すなわち，ここからは非婚化の可能性とともに晩婚化の傾向もうかがえる。そこで次に初婚年齢について調べたところ，図表12-2のようになった。

　1950年には夫25.9歳，妻23.0歳だったが，2020年には妻が29.4歳と6

図表12-1 婚姻件数と婚姻率の推移

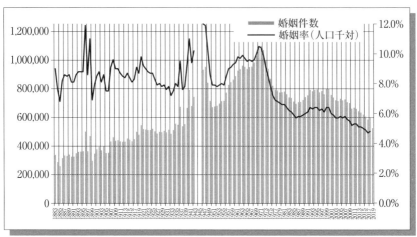

出典：厚生労働省「人口動態調査」（各年度）より（ただし，戦争中は欠損）。

図表12-2 平均初婚年齢の推移

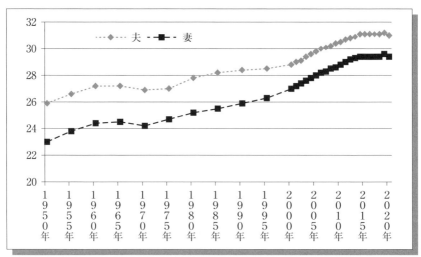

出典：厚生省人口動態調査（各年度）より（2000年度以前は5年ごと）。

歳以上遅くなり，夫も約5歳遅くなり31.0歳となっている。興味深いの
は，夫は1985年が28.2歳，1990年が28.4歳，1995年の28.5歳を経て2000
年も28.8歳と，1985年から1990年代にかけては28歳台半ばで大きな変化
が生じずに微増で推移していたのに対し，妻は1985年が25.5歳，1990年
が25.9歳，そして1995年の26.3歳を経て2000年には27.0歳と，着実に上
昇を続けた点である。

　この背景には，女性の社会進出が挙げられる。女性の平均勤続年数は
1976年に5.3年だったのだが，1984年には6.5年，1994年には7.6年，2004
年には9.0年，2014年には9.3年と着実に長くなっている。ただし，2019
年に9.8年まで達したが，2020年には9.3年となった（厚生労働省「賃金構
造基本統計調査」各年度）。

　これには，かつては多くの女性が仕事を結婚までの「腰掛け」的にと
らえていたことが多かったが，1990年代に続々と社会進出し，仕事その
ものを目標として就職するように変化したことが影響している。男性と
同等に，あるいはそれ以上に責任のある仕事をし，報酬もそれにともな
い上昇した。また，こうした環境の変化と相まって，結婚の目的が「子
供を作り育てる」ことから多様化していった。当時流行した表現に，結
婚相手に求める「3高」（高身長，高学歴，高収入）とともにDINKS（Double
Income No KidS）といった言葉もあったことが思い出される。

　夫は2000年代に入ってから再び着実に高年齢化しはじめ，2006年から
は30歳，2014年からは31歳を超えている。女性も同様で，2005年からは
28歳，2011年からは29歳を超えた。明らかに晩婚化が進んでいる。

　婚姻件数の減少は，ブライダル関連市場における売上の減少に直結す
る。だが，晩婚化や非婚化というマクロの環境変化に対しては，それぞ
れの企業が対応することは困難である。事実，1970年代のピーク時以降

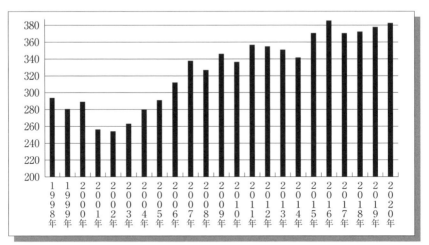

図表12-3 挙式・披露宴総額の推移（単位：万円）

出典：以下，本章内の表・グラフはすべて『ゼクシィ 結婚トレンド調査 首都圏』（リクルート・ブライダル総研調べ）各年度より著者作成。

の婚姻件数急減は，ブライダル産業にも大きな影響を及ぼした。この時期には苦しい経営を続けていた企業も多い。それに関連して，1980年頃に，特に挙式・披露宴の獲得競争がきわめて激しくなった影響で，「エージェント」と呼ばれる仲介・斡旋業者が急成長している[1]。

しかし，減少が落ち着いてからは，業界として眺めると，今度は「攻め」に転じたようにも見受けられる。実際，ブライダルに関連する支出の一部は大きく増加している。例えば，1998年以降における挙式・披露宴総額の推移をみてみよう（図表12-3）。長引く不況と「ジミ婚」の流行により，2002年は250万円強にまで落ち込んだが，2011年には350万円以上にまで上昇している。わずか10年弱で約100万円，率にして実に4割も上昇しているのである。その後も緩やかではあるが上昇トレンドは続き，2015年以降は370万円台を超えている。

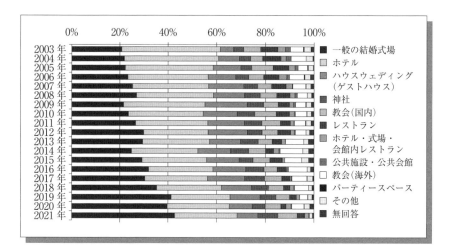

図表12-4 挙式会場のシェア推移

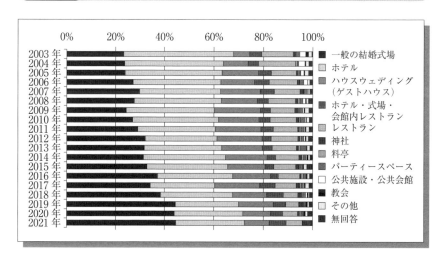

図表12-5 披露宴会場のシェア推移

　ブライダル・ビジネスにおいて中核といえる挙式・披露宴が，この時期にこれほど金額の変化が生じていることは注目に値する。2000年代に晩婚化が進んだことは先にみたとおりで，年齢が上昇した分，可処分所得が増えたという需要側の理由はもちろんあるだろう。しかし，供給側にも理由がある。そこで，挙式や披露宴における変化を眺めてみたい。

　図表12-4は挙式会場，図表12-5は披露宴会場の，それぞれ2003年以降におけるシェアの推移である。

　まず，2000年代における，ハウスウェディング（ゲストハウス）の伸張が著しいことに目が向く。同時に，ホテルがずっと減少傾向にあるとともに，一般の結婚式場（専門結婚式場）が継続して増加傾向にあることも理解できよう。挙式も披露宴も，ホテルは一時，4割を超えるシェアだったが，最近は20%代半ばとなっている。一方で20%少々だった一般の結婚式場が，逆に近年4割を超えるようになってきている。

　これは，例えば料理の相違などから生じているわけではない。確かに料理も重要であるが,それだけが理由であれば,料理の専門店である「レストラン」が増えていてもおかしくないが，レストランはむしろ微減傾向である。この点が，単なる「会食」や「イベント」と異なるブライダルの特徴といえる。そこで,「演出」の面からその背景を考察する。

3　ブライダルにおける演出

　まず，挙式形式の変化を確認する。1960年代には挙式のうちキリスト教式が2.2%，神前式が84.4%，人前式が11.1%であった。ここからキリスト教式は増加傾向となり，1970年代は6.8%，1980年代は14.5%，そして1990年代になると38.3%まで増えた。とはいえ，この頃はまだ神前式が

依然もっとも多く55.7%で，人前式が6.0%であった。しかし，2000年代に入るとキリスト教式が急増し7割を超えるに至っている。2000年代半ばからは神前式も人前式も人気が復活し，どちらも2割前後を占めるようになった（図表12-6）。

バブル景気の頃まで挙式の主流だった神前式では「両家の関係」が強調され，結婚が「家と家」のつながりであることが強く意識された。また，披露宴には親族の他に仕事関係者が招待され，金屏風，数メートルもの高さの（ただしイミテーションの）ウェディング・ケーキ，スモーク，さらにはゴンドラといった，新郎新婦を「主役」として目立たせる演出が主であった。

こうした演出は，結婚が「家と家」とのつながりであり，そしてそれを披露する場では，新郎新婦を目立たせ，引き立たせるために実施されたもので，当時のテレビ番組の演出手法などが多用されている。まさに，

図表12-6　　　　　　　　　　　挙式形式の変遷

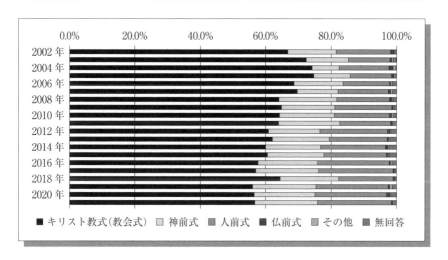

歌手が目立ち引き立つ演出と同じような考え方で新郎新婦を主役化し，二人をそれぞれの関係者に対して「披露」するためのものであった。

しかし，最近の演出の内容を見てみると，招待客一人一人に対して，あるいは招待客とともに実施する演出が多い。実は，挙式におけるキリスト教式の増加も，「家と家」が基本となる神前式に対するアンチテーゼという側面もあった。

最近では神前式の挙式でも友人や知人といった親，親族以外の列席も当たり前になりつつあり，結婚宣言の文面も自分たちで作るなど，「公的な儀式」の色は薄まった。むしろ友人や知人といったこれまでの新郎新婦の歴史を彩ってきた人々との関係が意識されている。すなわち，「私事としての節目」を「ともに盛り上げる」ように変化したのである。

図表12-7をみると，2位の「フラワー・シャワー／ライス・シャワー」は招待客の参加をうながし，3位の「音楽・BGMを自分たちで選ぶ」，6位の「挙式のテーマやコンセプトを決める」というのは形式にとらわれない自分たちなりの式をやりたいという思いの結実である。加えて，1位，4位，5位は親との関係を重視したものである。

なお，会場ごとに実施率にかなり相違があることにも着目して欲しい。概ねどの項目でもハウスウェディングがもっとも高く，レストランがもっとも低い。それ以外は項目ごとに差が生じている

また，上位10項目の変遷も確認したい（図表12-8）。実は「親からベールダウン」は，10年前では25%程度のカップルしか実施していなかったが，2010年代後半になると7割前後にまで増えている。他方，全体的に減少傾向なのが「ブーケトス・ブーケプルズ」である。これが「フラワーシャワー」などとともに2021年に急減しているのは，やはりコロナの影響といえよう。

図表12-7　会場別・挙式でなされた演出（2021年）

	一般の結婚式場	ホテル	レストラン	ホテル・式場・会館内のレストラン	ハウスウェディング（ゲストハウス）
1 親からベールダウンをしてもらう	75.0%	72.4%	51.4%	81.3%	82.8%
2 フラワーシャワー、ライスシャワー	64.3%	41.0%	40.0%	50.0%	58.6%
3 挙式時の音楽・BGMを自分たちで選ぶ	39.3%	28.8%	40.0%	21.9%	36.2%
4 親に花束以外のものを贈呈する	33.7%	23.7%	37.1%	37.5%	32.8%
5 親に花束を贈呈する	29.4%	27.6%	25.7%	25.0%	36.2%
6 挙式のテーマやコンセプトを決める	29.8%	18.6%	34.3%	37.5%	24.1%
7 列席者の子どもにリングボーイ・フラワーガールなどを務めてもらう	20.6%	21.2%	8.6%	25.0%	34.5%
8 自然光や照明などを利用した光の演出	18.7%	14.7%	17.1%	31.3%	22.4%
9 結婚宣言の文面を自分たちでつくる	18.3%	9.6%	34.3%	18.8%	22.4%
10 ブートトス、ブーケプルズ	23.4%	9.6%	2.9%	9.4%	32.8%
11 アイルランナー（バージンロードの演出）	15.1%	16.0%	5.7%	25.0%	19.0%
12 挙式時に列席者への謝辞スピーチをする	13.9%	12.2%	14.3%	25.0%	10.3%
13 挙式前に挙式会場内で新郎・新婦二人だけになる時間をつくる	19.0%	6.4%	5.7%	18.8%	8.6%
14 列席者から結婚承認のサインをもらう	13.1%	7.1%	25.7%	21.9%	8.6%
15 父親以外の人（母親や親族など）とバージンロードを歩く	15.1%	7.1%	11.4%	12.5%	10.3%
16 （神前式で）友人・知人など（親・親族以外）にも列席してもらう	13.1%	9.6%	11.4%		5.2%
17 海や森、公園など自然に囲まれた場所で挙式セレモニーを行う	6.3%	7.7%	2.9%	25.0%	6.9%
18 ダブルリングセレモニー（エンゲージリングセレモニー）を行う	11.5%	8.3%	8.6%	9.4%	1.7%
19 雅楽の生演奏・舞を入れる	8.3%	6.4%	8.6%		5.2%
20 ユニティキャンドル、サンドセレモニーなど、指輪の交換以外の儀式を行う	7.1%	5.1%	11.4%	15.6%	8.6%
21 参進の儀を行う	4.0%	5.1%	8.6%		3.4%
22 式次第をオリジナルでつくる	5.2%	3.2%	5.7%	6.3%	5.2%
23 沿道や公園など、挙式会場の屋外に出て一般の人からも祝福をもらう	4.0%	1.9%	2.9%	6.3%	5.2%
24 自分たちの子どもにセレモニー（誓いの儀式など）に参加させる	2.8%	1.9%			5.2%
25 友人にブライズメイド・グルームズマンなどを務めてもらう	0.8%	2.6%			1.7%

出典：『ゼクシィ結婚トレンド調査2021』より著者作成。

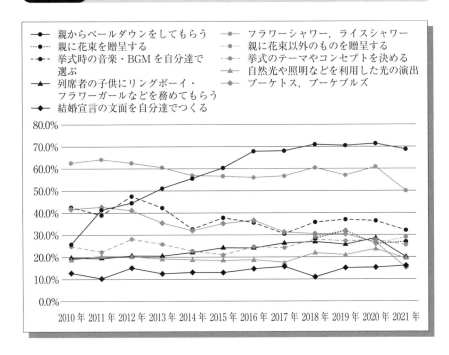

図表12-8　　　　　　挙式でなされた演出の変遷

凡例:
- 親からベールダウンをしてもらう
- 親に花束を贈呈する
- 挙式時の音楽・BGM を自分達で選ぶ
- 列席者の子供にリングボーイ・フラワーガールなどを務めてもらう
- 結婚宣言の文面を自分達でつくる
- フラワーシャワー，ライスシャワー
- 親に花束以外のものを贈呈する
- 挙式のテーマやコンセプトを決める
- 自然光や照明などを利用した光の演出
- ブーケトス，ブーケプルズ

こうした傾向は，披露宴になるとさらに顕著になる（図表12-9）。

かつてはほぼ100％の披露宴で「仲人」の仕事であった生い立ち紹介は，仲人自体を置かないスタイルの増加により，映像に取って代わられてしまった（2021年に首都圏で仲人を立てたのは1.1％のみ）。また，「花嫁の手紙」，「親に花束／花束以外のものを贈呈」，「入退場のエスコート」，「親にサプライズ演出」など，いずれも「家族」を軸に据えたものが目に付く。そして，新郎新婦の仲睦まじい姿を招待客に披露する「ファーストバイト」が「ケーキ入刀」に取って代わり，「テーブルごとの写真」，「会場装花の持ち帰り」，「招待客ごとのメッセージ」といった招待客を重視した演出が並ぶ。さらに，「BGMの選択」，「テーマやコンセプト」，「パ

図表12-9　会場別・披露宴でなされた演出（2021年）

	一般の結婚式場	ホテル	レストラン	ホテル・式場内レストラン	ゲストハウス
1　生い立ち紹介などを映像演出で行う	79.1%	68.3%	50.0%	32.5%	79.3%
2　花嫁の手紙を読む	74.0%	64.6%	52.6%	50.0%	70.7%
3　親に花束以外のものを贈呈する	71.3%	62.1%	44.7%	57.5%	75.9%
4　（新郎・新婦がケーキを互いに食べさせあう）ファーストバイト	68.2%	64.0%	44.7%	62.5%	74.1%
5　テーブルごとに写真撮影	66.3%	65.8%	55.3%	27.5%	51.7%
6　ジャンルを問わず好きなBGMを選ぶ	63.2%	58.4%	55.3%	27.5%	67.2%
7　親に花束を贈呈する	58.5%	60.9%	47.4%	37.5%	63.8%
8　会場装花を持ち帰れるようにする	54.3%	57.8%	65.8%	52.5%	51.7%
9　招待客一人ひとりにメッセージを書く	59.7%	54.0%	47.4%	37.5%	53.4%
10　披露宴・ウエディングパーティのテーマやコンセプトを決める	53.9%	43.5%	55.3%	40.0%	50.0%
11　プロフィールパンフレットをつくる（自己紹介、自分たちの経歴・生い立ちなど）	52.3%	49.7%	31.6%	45.0%	48.3%
12　入退場の際、親・親族・知人にエスコートしてもらう	53.9%	50.3%	21.1%	15.0%	60.3%
13　親にサプライズ演出を行う（プレゼントを渡すなど）	50.0%	46.0%	39.5%	40.0%	50.0%
14　新郎・新婦それぞれの思い出の品々好きなものを展示する	53.1%	42.2%	39.5%	22.5%	50.0%
15　招待状・席札をオリジナルデザインでつくる	44.6%	31.7%	57.9%	52.5%	53.4%
16　ウエディングの小物を自分たちでつくる	36.8%	24.8%	36.8%	17.5%	41.4%
17　ウエルカムスピーチを新郎・新婦を二人で行う	26.4%	36.0%	26.3%	35.0%	34.5%
18　両家の親が招待客へ謝辞スピーチをする	29.8%	25.5%	23.7%	37.5%	32.8%
19　新郎・新婦の席を雛壇にしない	20.9%	23.6%	36.8%	30.0%	34.5%
20　招待客による余興	21.7%	24.8%	13.2%	10.0%	22.4%
21　親以外にサプライズ演出を行う（プレゼントを渡すなど）	20.5%	20.5%	18.4%	15.0%	31.0%
22　キャンドルサービス以外の演出で招待客席をまわる	26.0%	18.0%	15.8%	5.0%	13.8%
23　自然光や照明などを利用した光の演出	17.1%	22.4%	15.8%	20.0%	20.7%
24　招待客みんなが参加できる演出を行う（キャンドルリレー、招待客同士のファーストバイトなど）	21.7%	17.4%	21.1%	2.5%	19.0%

No.	項目					
25	新郎から新婦にプレゼントや手紙などのサプライズ演出をする	20.5%	14.3%	18.4%	7.5%	17.2%
26	風船など花以外のものも使って会場を飾りつける	21.3%	11.2%	15.8%	7.5%	20.7%
27	庭やテラスなど、会場の外に出て自分たちと招待客が会話を楽しむ	20.9%	8.1%	10.5%	12.5%	27.6%
28	親が演出に参加する（ラストバイトやケーキ入刀など）	18.2%	13.0%	10.5%	17.5%	19.0%
29	生演奏を入れる（ゴスペル、楽器など）	18.6%	11.8%	13.2%	5.0%	15.5%
30	新郎・新婦の席を招待客の中につくる	11.2%	12.4%	18.4%	25.0%	15.5%
31	引出物をオリジナルでつくる（名入れなど）	10.5%	7.5%	5.3%	12.5%	8.6%
32	キャンドルサービス	9.7%	9.9%	2.6%	5.0%	6.9%
33	花嫁の手紙を読む	5.4%	8.1%	10.5%	10.0%	8.6%
34	夜景を楽しめるような演出を取り入れる	6.6%	5.0%	7.9%	5.0%	1.7%
35	新郎と招待客が協力した新婦向けのサプライズ演出	4.3%	5.6%	2.6%	7.5%	8.6%
36	新郎・新婦以外が協力して準備した余興	7.4%	5.0%	2.6%	5.0%	
37	（酒樽を開ける）鏡開き	4.3%	3.1%		2.5%	5.2%
38	カジュアルなドレスコードを指定する	1.6%	1.2%	5.3%	7.5%	1.7%
39	地元にちなんだ演出を取り入れる（演舞、歌謡、行事など）	3.1%	1.9%	2.6%		3.4%
40	自分の子どもと一緒に入場する	3.1%	1.2%	2.6%		3.4%
41	新婦と招待客が協力した新郎向けのサプライズ演出	1.9%	0.6%	5.3%		3.4%
42	服装や持ち物のテーマ（春、ハワイアン、クリスマスなど）を指定する	1.2%	0.6%	5.3%	7.5%	
43	光る水を使った演出	0.8%	2.5%			1.7%
44	アイテム（眼鏡、蝶ネクタイなど）でドレスコードを指定する	0.4%	0.6%	2.6%	5.0%	
45	服装や持ち物の色（ピンク、ビビッドカラーなど）を指定する	0.4%		2.6%	7.5%	
46	シャンパンタワー					1.7%

出典：『ゼクシィ結婚トレンド調査2021』より著者作成。

図表12-10　披露宴でなされた演出の変遷

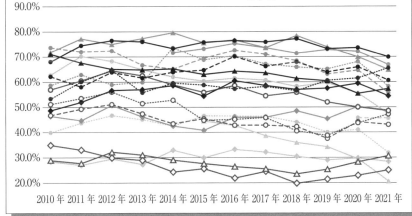

凡例:
- 生い立ち紹介などを映像演出で行う
- 親に花束以外のものを贈呈する
- テーブルごとに写真撮影
- 親に花束を贈呈する
- 招待客一人ひとりにメッセージを書く
- プロフィールパンフレットをつくる（自己紹介，自分たちの経歴，生い立ちなど）
- 親にサプライズ演出を行う（プレゼントを渡すなど）
- 招待状・席札をオリジナルデザインでつくる
- ウエルカムスピーチを新郎・新婦お二人で行う
- 新郎・新婦の席を雛壇にしない
- 花嫁の手紙を読む
- ジャンルを問わず好きなBGMを選ぶ
- 会場装花を持ち帰れるようにする
- （新郎・新婦がウエディングケーキを互いに食べさせあう）ファーストバイト
- 披露宴・ウエディングパーティのテーマやコンセプトを決める
- 入退場の際，親・親族・知人にエスコートしてもらう
- ウエディング小物を自分たちでつくる
- 新郎・新婦それぞれの思い出の品や好きなものを展示する
- 招待客による余興
- 両家の親が招待客へ謝辞スピーチをする

ンフレット作成」のように，形式にとらわれない側面も強く見受けられる。いずれも，「社会的披露」よりもむしろ「私的な関係の披露」に近い。

　会場ごとの傾向は，挙式と同様である。こちらは，上位20項目の変遷を抜き出した。2020年から2021年にかけてはやはりコロナの影響もあり，演出の多くは実施率を下げている。とはいえ，図表12-10でなにより注

目して欲しいのは，「招待客による余興」が激減していることである。かつてのように，「公的な儀式」という側面が強かった時代には，招待客間の人間関係も上下関係があるなど「確実な関係」であった。こうした時代であれば，「内輪ウケ」のネタを投入して盛り上がることも可能だったのかもしれないが，最近は「私的なイベント」の性格が強くなったことによりこうした演出は排除される傾向がある。

4 ブライダルにおける関係の変化と企業側の対応

　過去，1990年代頃までは，「家と家」との結婚に際して，新郎新婦を「主役」として「披露」する「公的」な「儀礼・儀式」というのが挙式・披露宴であった。しかし，最近の演出にみられる変化を踏まえると，それまでの「新郎とその関係者」，「新婦とその関係者」という関係を基盤とし，「新郎新婦の関係者」という関係へと移行させるための「私的」な「お祝い」あるいは「イベント」となってきつつあることがうかがえる。

　すなわち，ブライダル産業が必要とされているのは，こうした状況における関係性マネジメントなのである（図表12-11）。

　そして，実はこの変化に対する対応こそ，挙式・披露宴の単価上昇と，それをリードしたハウスウェディングのシェア拡大につながっている。

　1990年代の「ジミ婚」時代に増加したのがレストランであった。ただし，レストランは料飲サービスの提供はできても，多様な演出に関するノウハウは持っていない。そこで，挙式・披露宴会場ではなくても色々な演出を実現する「プロデュース」業が発展していくことになった。そして，そこで蓄えたノウハウをさらに活かすために，プロデュース会社は自社施設の展開に踏み切った。これがハウスウェディングである。そ

図表12-11　　　　　　　**ブライダルにおける関係の変化**

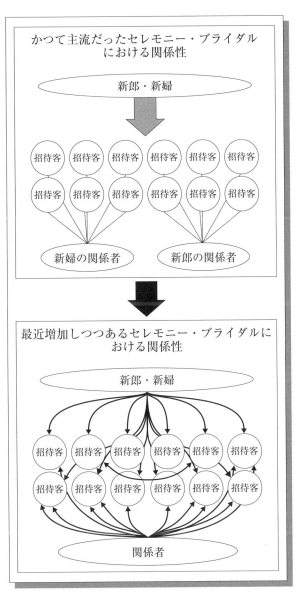

出典：筆者作成。

れまでの経験を活かし，可能な限りの演出を実施することを志向した。

「ゲスト」を「もてなす」ための「私たち（新郎新婦）」の（一時的な）「家：ハウス」が「ゲストハウス」という名称で，さまざまな演出が盛り込まれた「ハウスウェディング」を催すための施設として，急速にシェア拡大を成し遂げたということになる。多様な演出の実現により，単価の上昇にもつながった。

加えて，そうした施設で培われた演出法が「一般の式場」にも広がり，シェア向上に貢献している。特に挙式では，格式を重んじるホテルであまり多様な演出はできず，シェア低下につながった可能性は否めない。

晩婚化など結婚に関係する市場を取り巻く環境に大きな変化が生じ，「公より私」といった結婚以外の面でも価値観の変化が生じるようになってきてから，新しいサービス・コンセプトによって対応することが求められるようになってきている。ハウスウェディングの成長は，こうした変化に対応した結果であるととらえられる。披露宴が「社会的披露」の場であるならば，むしろ形式を重視した形での対応を着実に遂行する能力が必要とされるが，「私的な関係の披露」の場となると，さまざまに生じる不確実性の高い事象にどのように対応するかがポイントとなる。

あくまで演出という披露宴の一側面からではあるが，この演出は挙式・披露宴における付加的サービスとして単価の著しい上昇ももたらしている。ブライダルにおける主体間の関係の変化が，市場自体の大きな変化を促したともいえるだろう。

第2節　ブライダルにおける主体間関係性マネジメントの視点

1　ブライダルにおける不確実性

　ブライダルの周囲には不確実性が満ち溢れている。代表的なものを挙げれば，新郎新婦の関係者の生命にかかわるものであろう。例えば，新婦の父の余命の関係で，３ヵ月後の予定だった式を１ヵ月後に２ヵ月前倒しすることになった事例や，同様の状況において，式の前にせめて写真だけでも撮る機会に父に見せたいと思っていたが，急に容体が悪くなってしまったために，病院で撮影をすることになった事例，さらには，式の２ヵ月前に新郎の父が亡くなってしまい，式を取りやめることにしたが食事会だけでも，ということになり，その食事会で精一杯の式の要素を取り入れた事例などが報告されている。また，既に亡くなってしまった親に対する儀式が，関係者の涙を誘った事例についても報告がある[*2]。

　また，完璧なプロセス構築は不可能に近いということもある。新郎新婦や招待客についての諸条件が，式ごとにあまりに違うため，オーダーメイドに近いものにならざるをえない。特に，多様な演出がなされる昨今では，余計にその傾向が高くなっている。

　他方，不確実性の高い不安定な要素があることで，感動を生む余地が生じる側面もある。想定されているイベントが粛々と続く状況だけでは感動は生まれにくいものである。そして，不安定な要素があるために，招待客を含めた皆がともに式を創るという感覚が生じる点も見逃せない。

　こうした不確実性には，既存のワン・トゥーワン・マーケティングなどで対応することはなかなか難しい。なぜならば，マーケティング対応の際には，統制可能要因のみを操作してのマーケティング・ミックスでなされるのが基本となるためである。そこでは事前にある程度の予測をしたうえで,確実性の高いマネジメントをすることが求められてしまう。

　しかし，ホスピタリティ・マネジメントの視点を導入することによって，不確実性を許容しつつ，多様な主体間の関係をうまくマネジメントしていくことも可能となるのである。

　現在でもまだ存在する「新郎新婦を主役として披露」する方向性では，1（組）対多という関係性マネジメントのサポートが，ブライダル・ビジネスの主たる役割となる。場合によっては,1→多という一方向的な「おもてなし」の宴が軸である。そのために大規模な設備を用意し，新郎新婦を引き立たせる演出がなされてきた。ところが，最近増えつつある多様な演出を盛り込んだスタイルでは，新郎新婦と多人数にわたる新郎新婦の関係者一人ひとりとの相互的な関係性マネジメントを，多様な演出を用いて実現することに主眼が置かれている。この違いを,トライアド・モデルに当てはめて検討する。

2　ブライダルを取り巻く関係性

　ブライダルの場面においては，登場人物，すなわち主体がこれまでのトライアド・モデルと比較して増加している。新郎新婦はブライダル・ビジネスにとってはもちろんお客様なのであるが，同時にゲストを迎える「ホスト」あるいはゲストと新しい関係から新しい価値を創出するための「キャスト」でもあるという状況なのである。

　ホスト（H1）である経営会社やバックオフィス，キャスト（C）である現場従業員（プランナーやサービススタッフ），ゲスト（G1）である新郎新婦といった位置づけはテーマ・パークと変わらない。ところが，実際にはG1である新郎新婦は，挙式・披露宴の当日にはホスト（H2）でもあり，ゲスト（G2）である招待客を迎えるという側面もある。なお，最近では少なくなったとはいえ，今でも新郎新婦いずれかの親が主導権を握るケースもある。この場合には，その親も（G1）かつ（H2）となる。

　ここで，関係性について検討すると，経営会社やバックオフィス（H1）と現場従業員（C），経営会社やバックオフィス（H1）と新郎新婦（G1/H2）の関係において，不確実性は低めなければならない。これは会社との雇用関係，契約関係などであり，テーマ・パークの事例と同様である。もちろんなんらかのマニュアルによって行動の規定がなされていることも多いだろう。

　一方で，キャスト・現場従業員（C）と新郎新婦（G1/H2）の関係は任意であり，カップルごとの応用的対応や，相談プロセスにおける随時の対応変化など，ホスピタリティを重視する場合には不確実性を高め，逆に固定化したプロセス提供が重要な場合など形式を重視する場合には低めることができる。

　バックオフィス（H1）と招待客（G2）の関係は，施設の整備や招待客全体に対して安定度の高い料理の提供など，不確実性を排除する必要がある。バックオフィス（H1）は，いずれの場合でも不確実性を低めておくのが基本である。

　新郎新婦（G1/H2）と招待客（G2）の関係は，友人知人から職場関係に至るまで，きわめて多様であり，当然のことながら関係も多様なものとなる。キャスト（C）と招待客（G2）もこの関係に応じてケース・

バイ・ケースとする必要が生じることになる。

　現場のスタッフ（C）は，個別性の高い挙式・披露宴を創り上げていく必要から，新郎新婦（G1）には応用的に対応することが求められる。そのため，不確実性の高い関係とならざるをえない。新郎新婦からすれば本当に自身の望む挙式・披露宴を実現してくれるか確実でない状況で，プランナーたちを「信頼」しなくてはいけない状況だからでもある。

　そして，挙式・披露宴当日の新郎新婦（H2）と招待客（G2）との関係は，確実な関係の場合もあれば，そうでない場合もあろう。相対的に仕事関係者や親族が多い場合には，新郎新婦（H2）との関係は，比較的定型的で不確実性が高くないと想定される。この場合，もしサービススタッフ（C）が固定的サービス提供に終始してしまうと，ホスピタリティが感じられず，招待客（G2）からすると不満を感じることになってしまうかもしれない。そのため，こうした場合には，サービススタッフ（C）は応用的サービスの提供により，ある程度の不確実性を残した方が招待客にとっては良い印象になることが想定される（図表12-12）。

　逆に，新郎新婦（H2）の小学校，中学校，高校，大学といった，多様な友人知人が招待客（G2）である場合には，それぞれの関係に上下もなく，比較的多様な背景を持った関係であることが想定される。この場合には，新郎新婦（H2）と招待客（G2）との関係は不確実性の高い関係であると推定される。

　この場合，もしサービススタッフ（C）が応用的サービスを軸として対応すると，招待客（G2）を取り巻く関係は，不確実性の高いものばかりとなってしまい，不安定な状況になってしまう可能性がある。そのため，こうしたケースではむしろ，固定的サービスの提供により確実な関係とした方が，満足度は高まると推測される（図表12-13）。

図表12-12 招待客と新郎新婦が職場関係など定型的な場合（過去に多かった）

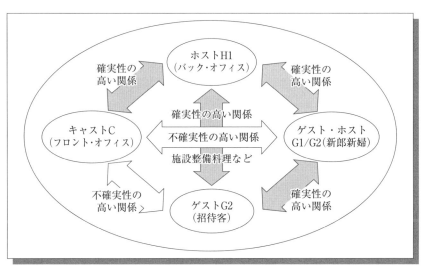

出典：著者作成。

図表12-13 招待客と新郎新婦の関係が友人など多様な場合（現在多い）

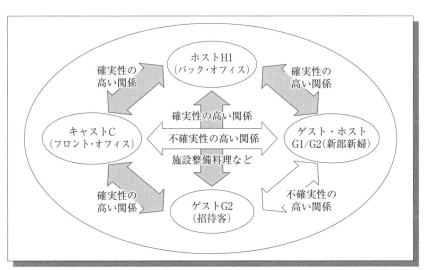

出典：著者作成。

トライアド・モデルの拡張

　このように主体間関係をその関係の特性に応じて適宜配置することで，主体が３ではなく４以上の場合にでも本モデルは対応可能となってくる。ここではブライダルを事例として検討したが，他にも行政やジャーナリズム，あるいは職人や消費者といったさまざまな主体を取り巻く関係に存在する不確実性に関して検討する際に有効である。

　特に，人間が介在することで不確実性を逆に武器にできるような環境においては，この構造を用いることで，確実な要素と不確実な要素とを切り分け，不確実性を一定のレベルに保ちつつ，事業遂行に十分な確実性を保持することもできるようになるだろう。

　また，他社の分析をする際にも，なぜ対象とする企業がホスピタリティの代名詞のように扱われるか，このモデルを当てはめて，ホスピタリティな対応を実現しつつ，確実性を高めて利益を増大させた理由を分析することもできる可能性がある。お客様にとって必ずしもホスピタリティと感じられない要素は除外したり，確実なマネジメントにより間違いのない対応にもできるからである。

　つまり，組織の特性に応じて，あるいは組織の戦略に応じて，どこに不確実性を導入するかをトライアド・モデルで検討し，ホスピタリティの実現を目指しつつ確実なプロセスの遂行を目指すことが可能となる。

　昨今のわが国では，なんでも思い通りにならないとすぐにクレームにつながるため，色々な組織が硬直化してしまっている。このような環境下で不確実性が重要と主張しても，なかなか受け入れてもらいにくい面

があるかもしれない。しかし，「レールに乗った」「将来が見えている」といった言葉は否定的なニュアンスが含まれる。つまり，確実なことばかりでは，人間は満足できない存在なのだろう。とはいえ，不確実だらけの将来には，誰も足を踏み出せまい。要は，人生において遭遇するさまざまな関係も含め，どのようにして不確実性の高い関係性をマネジメントするか，これこそが，ホスピタリティ・マネジメントなのである。

注

*1 『'81ブライダルマーケットの現状分析と将来性～結婚式場マーケットの地域分析～』矢野経済研究所，p.1。
*2 いずれも八芳園における事例：八芳園TEAM FOR WEDDING（2011），pp.14-18, 50-54, 131-141, 158-164。

参考文献

石井研士（2005）『結婚式 幸せを創る儀式』日本放送出版協会。
帝国ホテル編（1990）『帝国ホテル百年の歩み』帝国ホテル。
徳江順一郎編著（2011）『サービス＆ホスピタリティ・マネジメント』産業能率大学出版部。
八芳園TEAM FOR WEDDING（2011），『はじまりのストーリー　ウェディングプランナーが出会った21の奇跡』幻冬舎。
ボイス情報「ブライダル研究チーム」企画・編集（1990）『ブライダルマーケットの総合分析』ボイス情報。
リクルート ブライダルカンパニー 事業企画室（2009）『ゼクシィ結婚トレンド調査2009―首都圏』リクルート。
リクルート ブライダルカンパニー 事業企画室（2010）『ゼクシィ結婚トレンド調査2010―首都圏』リクルート。
『'81ブライダルマーケットの現状分析と将来性～結婚式場マーケットの地域分析～』矢野経済研究所，1981年。
『婚礼・ブライダル施設インダストリーデータ2006』綜合ユニコム，2006年。
『ブライダル産業白書2007年版』矢野経済研究所，2006年。

あ と が き

　本書は，社会的不確実性が存在する環境における関係性マネジメントの視点から，ホスピタリティについて論じたものである。冒頭で，「おもてなし」を忘れて欲しいと宣言したが，一方で実は著者自身，「おもてなし」という言葉には思い入れも大きい。それは自身が日本人であるからだろう。

　しかしながら，「ホスピタリティ＝おもてなし」と思っていると，恐らく海外には日本発のホスピタリティが通じないという状況に陥ってしまうことになる。個人的には，日本人はとてもきめ細かいホスピタリティ精神を持っていると思っているが，一方で海外に通用しうるホスピタリティはきわめて少ないといわざるをえない。

　ホスピタリティを関係性マネジメントの視点から眺めることで，それこそホスピタリティを通じた世界との「関係性マネジメント」が可能となることを忘れないで欲しい。

　また，トライアド・モデルを軸として，ホスピタリティを拡張して論じると，自然保護などの観念も，異なるアプローチを採ることが可能となる。そういう意味では，主体間関係性マネジメントという解釈によって，ホスピタリティの適用可能性はより一層広がったといえるだろう。

　本書は，同文舘出版株式会社取締役編集局長の市川良之氏にお声かけをいただいたところから話がスタートした。若干，無理のあるスケジュールに対して市川氏には「信頼」していただいたのだが，結果としては

ギリギリの仕上げとなってしまい，大変ご迷惑をおかけしてしまった。これがきっかけとなり，信頼ではなく安心保障関係とならないよう祈るのみである。

　普段はプライベートについて語らないが，初めての単著本ということで，今回に限り，お許しいただきたい。

　私の両親，徳江弥一郎・紀美子は常々「他人とは決して争ってはいけない」と口にしていたが，実際に二人以上に「人の好い」人間を私は見たことがない。また，伯父・伯母の山田哲三・智恵子は，幼い頃から私を実の子供のようにかわいがってくれ，数々のホテルに連れて行ってくれた。このような両親と伯父・伯母の存在なくして，私はホスピタリティを語るようになることはなかったであろう。

　そこで，最後になったが，この歳になってもまだろくに親孝行も伯父・伯母孝行もできない不孝者の私を，いつまでも気にかけて下さっている私の両親と伯父・伯母に心からの感謝を捧げ，筆を置きたいと思う。

索 引

《著者紹介》

徳江 順一郎 (とくえ・じゅんいちろう)

上智大学経済学部経営学科卒業
早稲田大学大学院商学研究科修了
在学中に起業し、飲食店の経営やマーケティングのコンサルティング、内装デザイン事業等を手がけ
現在、東洋大学国際観光学部・大学院国際観光学研究科准教授

〈主要業績〉
『ホテル経営概論（第2版）』（同文舘出版，2019年）
『ホスピタリティ・デザイン論』（創成社，2016年）
『アマンリゾーツとバンヤンツリーのホスピタリティ・イノベーション』（創成社，2021年）
『流通総論』（共著，同文舘出版，2010年）
『現代マーケティング総論』（共著，同文舘出版，2011年）
『サービス&ホスピタリティ・マネジメント』（編著，産業能率大学出版部，2011年）
『セレモニー・イベント学へのご招待：儀礼・儀式とまつり・イベントなど』（編著，晃洋書房，2019年）
『宿泊産業論：ホテルと旅館の事業展開』（編著，創成社，2020年）
『サービス・マーケティング』（共著，創成社，2012年）
『地域政策学事典』（共著，勁草書房，2011年）
『ソーシャル・キャピタル論の探求』（共著，日本経済評論社，2011年）
『観光と福祉』（共著，成山堂書店，2019年）
『ホスピタリティ産業論』（共著，創成社，2021年）
その他著書・学術論文多数

2012年 9 月15日　初版発行
2017年 3 月25日　初版 3 刷発行
2018年 3 月30日　第 2 版発行
2021年 4 月26日　第 2 版 3 刷発行
2022年 3 月30日　第 3 版発行
2024年 3 月15日　第 3 版 3 刷発行　　　　　　　　　　略称：ホスピタリティ(3)

ホスピタリティ・マネジメント（第3版）

著　者　　徳　江　順一郎
発行者　　中　島　豊　彦

発行所　同文舘出版株式会社
東京都千代田区神田神保町1-41　〒101-0051
電話 営業 (03)3294-1801　編集 (03)3294-1803
振替 00100-8-42935　https://www.dobunkan.co.jp